chez le même éditeur

Stéphane Ternoise

La disparition d'un canton : Montcuq

Livre d'art et d'opinions.
Moins de cantons, plus d'élus,
la mainmise des partis...

Le Roman de la Révolution Numérique

Stéphane Ternoise

Jean-Luc Petit éditeur

Stéphane Ternoise

Les dolmens de Montcuq

François-Antoine de Quercy

Montcuq

livre d'art

Au fil de la vie

Du même auteur (préfacier) *

Romans

Le Roman de la révolution numérique
Ils ne sont pas intervenus (Peut-être un roman autobiographique)
La Faute à Souchon
Quand les familles sans toit sont entrées dans les maisons fermées
Liberté j'ignorais tant de Toi
Viré, viré, viré, même viré du Rmi !

Théâtre

Neuf femmes et la star
Les secrets de maître Pierre, notaire de campagne
Ça magouille aux assurances
Chanteur, écrivain : même cirque
Deux sœurs et un contrôle fiscal
Amour, sud et chansons
Pourquoi est-il venu :
Aventures d'écrivains régionaux
Avant les élections présidentielles
Scènes de campagne, scènes du Quercy
Blaise Pascal serait webmaster
Trois femmes et un Amour

Théâtre pour troupes d'enfants

La fille aux 200 doudous
Les filles en profitent
Révélations sur la disparition du père Noël
Le lion l'autruche et le renard,
Mertilou prépare l'été

Photos

Lot, livre d'art
La beauté des éoliennes
Cahors, 42 inscriptions aux Monuments Historiques

* extrait du catalogue, voir www.lotois.fr

4

Gustave Guiches

François-Antoine de Quercy
(préface, commentaires, photos)

Au fil de la vie

Sortie numérique : 18 septembre 2014

Gustave Guiches 18 juin 1860, Albas - 3 août 1935, Paris

Jean-Luc Petit éditeur / Collection Lot

L'éditeur versant lotois :

http://www.lotois.fr

Tout simplement et logiquement !

Gustave Guiches

François-Antoine de Quercy
(préface, commentaires, photos)

Au fil de la vie

Contrairement à l'espérance de ses contemporains, Gustave Guiches est oublié, même dans la région où il est né, où j'ai choisi de vivre. Rien. Enfin, presque rien : un buste, une rue, non référencés par Internet, dans "son village" d'Albas. Quant à ses livres, depuis longtemps au rayon "indisponibles."

Quand on essaye de vivre une vie d'écrivain en un lieu, il n'est sûrement pas surprenant de s'intéresser à ses prédécesseurs... De là à les rééditer, avec une longue préface, des notes et des photos... C'était improbable... pourtant ce livre va exister, pas forcément le plus connu de l'auteur mais celui offrant des plongées dans notre territoire... Non en nostalgie mais pour sa résonance actuelle.

Gustave Guiches est né le 18 juin 1860, à Albas. Il aurait pu vivre une vie de bureaucrate... Il raconte dans *Le Banquet* : « *A vingt-cinq ans, je me suis trouvé dans l'alternative de me soumettre à une existence asservie et abrutissante mais exempte du souci matériel ou de prendre sous ma responsabilité et tout entière à ma charge la vie que je voulais. Je n'ai pas hésité...* » 25 ans, âge toujours crucial... Peut-être une bonne raison d'ouvrir « *J'avais 25 ans (Texte pour vous remuer, faire réfléchir)* » de Ternoise. Âge de l'embrigadement probables sous le coup des bons prétendus bon conseils... Il est décédé le 3 août 1935 à Paris, après "une honorable carrière", récompensée (c'était alors ainsi !) par le ruban de chevalier en 1895 et promu officier de la Légion d'honneur en février 1929...

« *Ce nom doit rester vénéré plus encore qu'ailleurs dans ce pays lotois que le grand écrivain aima d'un cœur fidèle, dont il célébra la splendeur et la grâce si souvent et avec tant de dévotion. Notre ville, en particulier, peut-elle perdre de vue la mémoire de l'un des plus illustres élèves de son lycée, de l'homme qui, toute sa vie, prononça, avec une égale tendresse, le nom de Cahors et celui d'Albas ?* » Eugène Grangié dans *le Journal du Lot* du 30 août 1935.

François-Antoine de Quercy.
http://www.lotois.fr

Albas
Son pont sur le Lot
Le village

François-Antoine de Quercy

Gustave Guiches est né le 18 juin 1860, à Albas.
Il s'agissait du troisième et dernier enfant de Joseph Guiches et son épouse Zélie née de Bercegol.

L'histoire de la famille plonge dans la Révolution Française : le 27 juillet 1794, Pagès de Labouyssette, d'Albas, était guillotiné à Bordeaux pour avoir, devant le tribunal révolutionnaire de cette ville, pris la défense de son ami le comte de Fumel, qui fut guillotiné après lui.

Il a été retrouvé dans les archives de la Gironde l'ordre de saisie de ses biens : « *Le 11 thermidor an VII. Au Président du département du Lot. Cahors. Je te donne avis, frère et collègue, que le nommé Jean-Baptiste Pagès de Labouyssette, âgé de 73 ans, natif de la commune d'Albas, a été condamné, le 9 de ce mois, à la peine de mort par la commission militaire séant en cette commune et que, par le même jugement, ses biens ont été déclarés acquis à la République. Je t'invite en conséquence à ne rien négliger pour assurer à la nation les biens que pouvait posséder cet individu dans ton arrondissement.* » Signature illisible. On se tutoyait comme entre camarades...

Cette confiscation signifia naturellement la misère pour les vingt enfants, dont seulement deux garçons.
Une des filles de Pagès de Labouyssette, Marie-Thérèse, épousa Alexis Salinié d'Albas.

Une demoiselle Salinié épousa ensuite Jean-Jacques-Pierre-Alexis de Bercegol, né au château de Floiras, près d'Albas, et connu pour avait fait la retraite de Russie et, très jeune encore, avoir quitté l'armée avec le grade de capitaine et la croix de chevalier de la Légion d'honneur.

Installé dans la maison des Salinié, à Albas, il fut maire de 1824 à 1830 et de nouveau en 1849 ; il y mourut en 1854.

Sa fille Zélie épousa Joseph Guiches, percepteur du canton de Luzech et mort à Albas, dont il fut également maire, le 24 janvier 1894.

Le discours prononcé sur la tombe de Joseph Guiches, au nom du Conseil municipal d'Albas, nous est parvenu :

« Cher et vénéré Monsieur Guiches,
En conduisant ici votre dépouille mortelle, nous venons de remplir un douloureux devoir. Rien, malgré votre âge avancé, ne faisait prévoir le coup foudroyant qui vous ravit à l'amour d'une famille éplorée, à notre respectueuse affection et à la considération pleine d'estime de tous. Hier encore, nous admirions la vigueur de votre verte vieillesse, et aujourd'hui nous venons avec tristesse déposer sur votre tombe ouverte le dernier hommage de notre deuil et de notre parole émue.
Je la voudrais plus éloquente pour honorer dans sa mort celui qui s'est lui-même tant honoré dans sa vie.
Né à Creysse, sur les bords de la Dordogne dont l'air vif et pur avait inspiré sa nature énergique et ardente, Joseph Guiches appartenait à une famille des plus honorables et noblement apparentée. [La Révolution est déjà oubliée « *une famille noblement apparentée* » constitue un compliment ! FAQ] Elevé par une mère veuve, instruit par des maîtres chrétiens, il reçut d'eux ces fortes impressions et ces fermes principes qui sont la lumière et l'honneur d'une vie, et l'ont soutenu dans toutes les épreuves.
Les épreuves vinrent de bonne heure. Presque au début, il dut pourvoir à l'existence et à l'éducation de ses jeunes frères, orphelins comme lui. Il en fut la Providence. Avec

quelle sollicitude maternelle, au prix de quels sacrifices et de quelles privations, il se dévoua à cette œuvre fraternelle. Dieu seul le sait ! Il n'eut pas le bonheur d'en jouir longtemps : des séparations cruelles et des deuils successifs ne tardèrent pas à mutiler son cœur et à le frapper au plus intime de ses affections.

Son mariage le fit nôtre, l'alliant à une des premières familles du pays auquel ses fonctions le rattachaient déjà.

Appelé à la perception du canton, il sut, dans ces fonctions délicates, gagner la sympathie de tous par ses manières distinguées et affables, et garder l'estime de ses chefs par l'intégrité de son service. Que de fois son âme généreuse et bonne fut heureuse d'en adoucir les sévérités et d'en modérer les exigences !

Fonctionnaire intègre, il fut aussi homme de dévouement et d'action. Il ne refusait aucune tâche, il ne reculait devant aucun effort ni aucune fatigue et son ambition était d'employer ses facultés, de dépenser son temps, son zèle, son cœur à la cause du bien et au service de tous. Et quand les suffrages du peuple l'appelèrent à l'honneur, comprenant toute l'étendue de son devoir, même dans les limites restreintes de cette commune, il allait au peuple, se mêlait à lui, étudiait les questions qui le touchent et s'appliquait, dans un franc et cordial langage, tantôt à le détromper, tantôt à l'encourager, éveillant ou soutenant ses espérances, et toujours à lui faire du bien par ses conseils éclairés, par ses services désintéressés et par ses exemples fortifiants.

Il eut aussi ses heures de lutte. Investi de la magistrature de cette commune, on le vit se jeter résolument dans la mêlée, au premier rang des combattants, ne pliant jamais — je ne dirai pas devant ses ennemis, il n'en connut pas, — mais devant ses adversaires, tenant haut et ferme l'étendard du droit et des intérêts dont il avait la garde.

Par dessus tout, il fut un homme de foi. Une foi profonde et vive remplissait son cœur, dictait ses paroles, inspirait ses actes. Il ignorait les faiblesses du respect humain, les concessions aux préjugés du monde.

Une âme si chrétienne ne pouvait trembler en face de la mort.

Elle fût demeurée vaillante et sereine, soumise à Dieu, confiante en lui ; mais la mort ne s'est pas annoncée et, se cachant pour ainsi dire pour le frapper, elle l'a touché sans maladie, sans infirmité, en pleine possession de ses facultés, pendant son sommeil. Il ne l'a pas vue venir, il n'a pourtant pas été surpris.

Homme de bien et pratiquant, il était prêt à répondre au suprême appel.

Un mot résume cette vie. La Fidélité !

Joseph Guiches fut fidèle à Dieu, fidèle à l'Eglise, fidèle à la patrie, fidèle à ses principes et à ses convictions, fidèle à tous ses souvenirs et à toutes ses espérances, fidèle à tous les siens qu'il aimait tendrement, et cela sans défaillance, sans murmure et sans regret, aux heures attristées comme aux heures douces de sa vie. Cher et si regretté Monsieur Guiches. Adieu !

Vous avez dignement vécu, vous avez vaillamment accompli votre devoir, vous laissez derrière vous de beaux exemples de piété filiale, d'abnégation, d'esprit de sacrifice, de dévouement, de fidélité ! Ces exemples ne tomberont pas. Puissent leur souvenir et le souvenir de ces honneurs rendus soutenir la douleur de votre si digne compagne et consoler vos enfants désolés.

Et maintenant, laissez-moi vous offrir et déposer sur votre tombe deux couronnes : celle qui est là, sous nos yeux, hommage du Conseil municipal ; et une autre, la plus belle, tressée des affections, des respects et des regrets de tous ceux qui vous ont connu. »

C'est long, d'un intérêt limité... mais ces "envolées" permettent de situer l'enfance... C'est ainsi que Gustave pouvait faire des études... À douze ans, le fils de notable entrait à l'établissement des "Petits Carmes" de Cahors ("concurrent" du lycée).

En 1875, à 15 ans, Gustave Guiches est le porte parole de ses camarades du « Petits-Carmes » quand Monseigneur Grimardias, évêque de Cahors auquel on doit de nombreux vitraux dans le Quercy, est reçu : « *Monseigneur,*
Une fête qui nous est bien chère nous ramène chaque année aux pieds de Votre Grandeur, pour lui exprimer nos vœux et lui présenter l'humble hommage de notre respectueuse affection.

Comme toujours, Monseigneur, ce sont des témoignages de reconnaissance et d'amour que nous venons vous offrir. Nous sommes heureux que ce jour nous permette de vous exprimer nos sentiments dans toute la simplicité de nos cœurs.

Vous nous avez habitués aux bienfaits de votre paternelle affection, vous n'avez cessé de nous en faire ressentir les effets, et les sentiments les plus naturels de la reconnaissance nous font un devoir de vous en exprimer nos plus sincères remerciements.

Pardonnez, Monseigneur, si nous nous laissons aller à parler de votre dévouement, Votre modestie nous interdirait votre éloge si votre éloge n'était la vérité ; mais elle ne saura nous empêcher de saluer en vous l'Eminent Prélat et le Pasteur si dévoué.

Nous savons, Monseigneur, quelle est la grandeur et l'importance du but que vous vous proposez ; nous savons que vos constants efforts tendent à faire naître et à développer les sentiments de foi et de piété.

Qu'il soit donc permis à la jeunesse, premier objet de votre sollicitude, de vous dire que vos soins ne sont pas perdus.

On nous dit que c'est d'abord le cœur qu'il faut purifier parce que la véritable élévation de l'intelligence est subordonnée à la pureté du cœur.

Vous avez sanctifié les âmes en donnant plus d'extension à la vertu, et vous contribuez aux nobles progrès de l'intelligence en vous associant à cette œuvre, grâce à laquelle l'Eglise ne sera point exclue de l'enseignement. Nous accompagnons de nos vœux une œuvre que Votre Grandeur consacre en lui donnant tout son zèle et tout son dévouement, et nous ne craignons point de vous offrir le modeste mais dévoué concours de notre bonne volonté.

Nous remercions Dieu, Monseigneur, de cette journée qui rappelle à notre mémoire les deux plus grands saints de l'Eglise et qui nous permet de vous exprimer les sentiments de nos cœurs.

Nous le prions aussi de vous conserver longtemps au troupeau que vous avez habitué à votre paternelle direction, et en demandant au Ciel de faire descendre sur vous toutes les bénédictions, nous vous demandons la vôtre, Monseigneur, pour nous raffermir dans le bien et favoriser nos travaux. »

Naturellement, il conviendrait de séparer les passages inspirés par les habitudes des réceptions de la plume réelle du "jeune homme"... installé sur une voie qui ne menait pas à la littérature... Sa famille plaçait en lui des espoirs de fonctions : avocat, magistrat, notaire... Heureusement, il a raté ses études de droit !

Dans son premier livre de souvenirs, *Au Banquet de la Vie*, il raconte ses "déboires", son échec devant les juges de l'Ecole de Droit de Paris, alors qu'il était, en même temps qu'étudiant, attaché au cabinet du ministre de l'Intérieur. Il fut ainsi "condamné à l'exil d'Albas." Il échoue de même à Toulouse... Il aurait déjà, à cette époque, contracté "le virus littéraire", noircissant du papier en cachette...

Mais il faut bien travailler... utiliser "les bonnes relations", la famille... Le 23 octobre 1881, toujours à Albas, il reçoit un télégramme de Paris, de son beau-frère, Alphonse Pagès, chef du contentieux de la Compagnie du Gaz : « *Nommé attaché au contentieux Compagnie du Gaz. Indispensable venir avant fin courant pour que appointements partent du 1er novembre.* »

Dans l'Administration... Mieux que rien... mais il ne s'y plaira pas... « *Il cherche des relations dans le monde littéraire.* »

Avec Francis Maratuech, autre lotois oublié, auquel il me faudrait consacrer un peu de temps, il collabore à la revue "*Le Feu follet*", et sillonne des salons, dont celui de Charles Buet, « *un des mieux fréquentés.* » Il connaît ainsi le milieu : « *de Henri Lavedan à Georges de Porto-Riche, d'Abel Hermant à Lucien Guitry, Sarah Bernhardt.* »

Son premier roman, *Céleste Prudhomat*, est publié en 1887 par "La Librairie moderne", maison d'édition alors récemment créée par Gustave de Malherbe et Paul Hervieu. Il a donc 27 ans...

Licencié de son emploi à l'heure des réductions d'effectifs, il adresse ses textes aux journaux et publie une nouvelle, « Le dernier exploit d'un huissier », dans *Le Figaro*...

Il publiera, des livres, écrira des pièces de théâtre, jouées...

17

Il fut "du milieu"... Ainsi le 9 février 1929, Georges Lecomte, président de la Société des Gens de Lettres, le félicitait...

« Cher Ami,

Votre rosette me fait grand plaisir.

Je vous en félicite de tout cœur.

Il y a longtemps que vous devriez l'avoir et que, si l'on m'avait écouté, vous l'auriez.

C'est un tardif mais très juste hommage rendu à votre œuvre, à l'écrivain de grand talent que vous êtes.

Ce doit être une agréable satisfaction pour Madame Gustave Guiches et Mademoiselle votre fille qui vous sont si tendrement et si admirablement dévouées.

Je vous prie de leur offrir mes plus respectueux hommages et de me croire votre bien amicalement et fidèlement dévoué.

Georges LECOMTE.

Toujours fier d'avoir son nom en tête d'un de vos livres les plus intéressants et importants. »

Il décéda le 3 août 1935 à Paris. Avec sa femme Jeanne, ils avaient eu une fille, Marguerite... Pourrait-elle encore être en vie ? Au moins avoir laissé une descendance ?

Henri Austruy relatait dans le numéro de mai 1936 de "La Nouvelle Revue" :

« Depuis de longs mois, Gustave Guiches se sentait fatigué, mal à l'aise. Pour ne donner aux siens, qui veillaient sur lui avec tendresse, la moindre inquiétude, il ne se plaignait jamais et gardait soigneusement les apparences de la gaîté ; mais le mal cheminait lentement et sûrement. Vint l'heure où il dut s'avouer vaincu. Un terrible accès de fièvre le terrassa à sa table de travail tandis qu'il était occupé à revoir la copie des dernières pages d'un roman terminé depuis quelques semaines. Le médecin porta au premier coup d'œil un diagnostic extrêmement grave.

Une intervention chirurgicale de toute urgence s'imposait. Gustave Guiches partit le 15 avril pour la maison de santé. Il avait gardé non seulement toute sa lucidité, mais, sans doute pour siens, il voulut donner une preuve de sa coquetterie native et protesta contre la couleur de sa cravate en désaccord avec celle de son veston.

L'opération « techniquement » réussie, ne pouvait apporter la guérison. Rentré chez lui le 30 avril, Gustave Guiches se savait irrémédiablement et à brève échéance condamné. Les siens le savaient aussi. C'était le drame, hélas ! assez courant : Le malade s'efforçait de montrer un visage souriant. Autour de lui se manifestaient les apparences de l'espoir en son prochain rétablissement. A moi-même qui, le cœur serré, le complimentais sur sa bonne mine, il parla de Murat comme s'il prenait part à quelque chevauchée du magnifique cavalier. Nos yeux s'évitaient afin d'éviter d'y lire notre réciproque mensonge.

Puis ce fut le commencement de la fin, une lente et cruelle agonie qui dura des semaines. La vie s'en allait souffle à souffle, le cerveau restant intact. Jean Pagès qui avait pour son oncle une fervente tendresse, a fait le récit des derniers moments de Gustave Guiches :

« *Le 1er Août, il demanda à être transporté à Camy, certain, disait-il, de se remettre vite dans l'air natal. Un voyage de plus de 600 kilomètres alors que sa tête émaciée ne pouvait se soulever de l'oreiller ! Il fallait lui mentir, comme lui-même probablement nous mentait.*

Doucement, très doucement, il ne parlait plus que faiblement, il murmura : « dans ta voiture, ce sera très bien. » Ma voiture est en réparation, lui affirmai-je. La semaine prochaine, elle sera à ta disposition. « C'est très bien ! attendons jusque là, articula-t-il péniblement. »
Le lendemain, il s'affaiblit extrêmement. Des tremblements nerveux par instants secouaient son corps redevenu celui d'un enfant. Il paraissait souffrir beaucoup. De ses lèvres crispées s'échappaient les mêmes mots : « C'est horrible !... C'est horrible !... » Il demanda qu'on le laissât seul avec sa femme et sa fille, qu'il aimait si tendrement et dont il allait être séparé. Il voulait au seuil de l'infini, leur demander pardon, non du mal qu'il avait pu leur faire car jamais il ne leur causa la moindre peine, même légère mais de tout le bien qu'il avait rêvé pour elles.
Le 3 Août, un samedi, au médecin qui lui faisait une dernière piqûre d'huile camphrée pour conjurer l'arrêt du cœur, il dit : « Voici mon sauveur. » Le tremblement du corps s'arrêta. Il parut s'endormir. C'était fini. Il était trois heures de l'après midi. » »

Georges Lecomte, toujours, dans une lettre, le 6 août 35, résumait : *« Gustave Guiches était un écrivain de beau talent. Il a beaucoup travaillé. Au théâtre et par le livre, il nous a donné des œuvres qui resteront. Je n'oublie pas qu'il m'a fait le grand honneur de me dédier l'une d'elles. Et je lui en suis très reconnaissant. »*

En ce temps-là, les journaux relataient avec emphase ces disparitions. Exemple avec "*La Nouvelle Revue*" en mai 1936.

« Ce fut donc devant une assemblée restreinte que sous le porche de l'église de la Trinité prirent successivement la parole M. José Germain, au nom de la Société des Gens de

Lettres ; M. François Porché, au nom de la Société des Auteurs et Compositeurs dramatiques ; M. Edmond Sée, au nom de l'Association de la Critique dramatique et musicale ; Me Louis Sarran, au nom des amis personnels du défunt.

José Germain, vice-président de la Société des Gens de Lettres, prit la parole au nom de la Société. Il évoqua, en termes éloquents, la longue carrière du disparu :
« Pour dire les mots du cœur sur une tombe encore ouverte, il faut aimer. J'ai beaucoup aimé Gustave Guiches. Il était si aimable. Un beau nom, une belle tête, un beau caractère, une belle œuvre. Et, comme pour exiger le dynamisme efficace de notre amitié : l'injustice du sort s'acharnant sur ses vieux ans.
Par une forte impression de ma jeunesse, je lui étais acquis depuis longtemps.

A Chacun sa vie, j'avais applaudi fervemment. La pièce, merveilleusement interprétée, m'avait vivement touché par une construction impeccable, une humanité ardente, une émouvante psychologie : esprit et cœur mêlés ! Ah ! l'admirable comédie que la Comédie-Française devrait avoir reprise depuis longtemps !

Chacun sa vie fut un modèle pour moi, jusqu'au jour où mon bon maître Robert de Flers — dont les funérailles eurent cette même Trinité pour décor et furent célébrées à cette même époque des vacances qui permet la grande sélection des purs amis — jusqu'au jour, dis-je, où il m'apprit à faire une pièce.

J'ai gardé souvenance précise de l'alternance fructueuse de *Chacun sa vie* et de *l'Amour veille*, ces deux grands succès de la belle époque, sur l'affiche des Français.

21

Revenu chez moi, je lus et relus l'œuvre romanesque de celui qui était devenu « mon auteur ». *Céleste Prudhomat* en particulier, m'enthousiasma. J'y découvris un naturalisme épuré avec une volonté de noblesse et un souci de dignité qui allaient s'affirmer dans la suite de l'œuvre.

Ce sont ces délectations profondes de Gustave Guiches, alors jeune mousquetaire des lettres, écrivain combatif que l'écrivain combattant salue, qui expliquent sa signature aux côtés de Paul Bonnetain, de Rosny aîné, de Paul Margueritte et de Lucien Descaves, sous le véhément *manifeste des Cinq*, condamnant le maître de l'Ecole : Emile Zola.

Ce fut un coup de clairon auquel répondit une étonnante fanfare : une belle indignation accabla les signataires et Gustave Guiches en fut fort ému, qui devait plus tard s'excuser de son geste et se précipiter dans les bras de Zola.

Et pourtant, quoi de plus normal ! Guiches était le poète du naturalisme. Il avait attendu, espéré *La Terre*, comme une synthèse du réalisme, comme une symphonie merveilleuse du sol auquel l'atavisme nous rive par l'amour. Guiches était l'amant de la terre.

Il fut profondément déçu. Le geste lui parut sans grâce et il condamna le maître qui s'oubliait, poussé par sa renommée.
La Terre, ce poème en un mot, exige le respect.
Ah ! comme j'ai compris ses raisons en lisant plus tard *Les Deux Soldats*, un beau roman de guerre trop peu connu.
Le Paysan est au front. Il se bat. L'Intellectuel fatigué vient le remplacer à la terre.
Mais sur cette terre, il y a la femme. Et l'intellectuel se

prend à aimer l'une comme l'autre. Mais quand on est un héros de Guiches, on ne trompe pas l'homme qui se bat. Et l'intellectuel rendra au paysan revenu et sa terre et sa femme.

Voilà tout Gustave Guiches à l'heure où la guerre le conduit dans son Quercy natal tant aimé. C'est un culte qu'il voua à son clocher, là-bas. « Quand quelque argent lui venait, vite, c'était pour la maison lumineuse d'où l'on apercevait la petite église des jeunes ans. »

N'a-t-il pas été le symbole inouï de cette région pittoresque et pauvre qui ne veut pas vendre sa beauté ? C'est à Cahors que je découvre la plus pure image architecturale de son œuvre : l'adorable pont de Valentré, ce roi des ponts de France, élégant, solide et hardi à la fois.

Mais la guerre, l'atroce guerre, qui devait briser l'essor de sa génération, allait provoquer une faille périlleuse dans la carrière de Gustave Guiches. Ce fut une grande et capitale coupure.

Du théâtre qui exige la vie trépidante, il passa au roman qui désire la paix et la méditation. Il prit, volontairement, une retraite prématurée. Des fameux cafés littéraires, où l'esprit du parfait journaliste qu'il était, avait tant brillé dans la plus brillante compagnie, il alla, sans regret, s'enfermer dans son cabinet de travail avec ses innombrables souvenirs.

Du brio des mots il courut aux jugements de la pensée. Après avoir lu, il relut. Après avoir vécu, il revécut. En compagnie de ses grands et fidèles compagnons Henri Lavedan, Maurice Donnay, Tristan Bernard, ce fut un véritable cliquetis de bonnes histoires.

Ah ! s'il avait voulu les écrire !

Mais il n'aimait pas profiter de la création des autres et le mémorialiste naquit en lui pour nous redonner dans *Au*

Banquet de la Vie les souvenirs charmants de sa jeunesse ardente.

Retrouvant, à soixante ans, cette seconde jeunesse qu'anime une plume alerte, il ne laissa filtrer aucune trace d'amertume contre l'époque affairiste qui s'efforçait de l'enterrer vivant. Contre la ridicule injustice des hommes : pas une plainte. *Toujours se souvenir des heures heureuses pour toujours sourire*, tel devint son destin.

Alors commença le drame de sa fin stoïque. Comme la bataille littéraire seule l'intéressait, comme il ne vivait que pour ses héros et ses idées, il méprisa l'argent jusqu'au bout.

Celui-ci, ce faux dieu de nos jours méprisables, se vengea cruellement. Il le harcela, l'accabla. Retiré dans son âme et dans son œuvre, Guiches, aidé par ceux qui l'admirèrent, Guiches tenait. **Superbe comme tous ceux de la génération sacrifiée, il demeurait quand même indépendant.**

Foin des maîtres d'école. Foin des écoles. Foin des idées bergères. « Je ne suis pas du troupeau ». Il ignorait la plainte du mouton.

Et pour garder grande allure, cet excellent auteur, ce bon romancier, ce parfait journaliste, qu'on accusa jadis de polygraphie, comme si tous les grands écrivains de l'histoire n'avaient pas été des polygraphes !, continua d'écrire à sa fantaisie, pour sa fantaisie. Qu'importe le jugement de ceux qui lui reprochèrent les multiples aspects de son talent : les pénuriques ont toujours envié les pléthoriques. **Nous savons bien, nous, qu'il honora tous les genres auxquels il se consacra.**

Et c'est pourquoi il se survivra.

Un grand artiste ne meurt pas en perdant la vie. Comme il a vécu pour son œuvre, son œuvre lui survit.

Demain fera justice totale, comme toujours. Demain, et nous en faisons ici l'intime serment devant les généreux compagnons de sa vie, nous reverrons *Chacun sa Vie* aux Français. Demain, nous relirons *Céleste Prudhomat, les Deux Soldats* et tant d'autres romans dignes d'estime. *Demain parmi nous, il revivra.* »

[Les passages en gras sont du chroniqueur 2014.] Le discours de François Porché :

« J'ai l'honneur et le chagrin d'apporter ici à la dépouille mortelle de Gustave Guiches le suprême hommage de la Société des auteurs et compositeurs dramatique, dont il était l'un des membres les plus anciens et les plus brillants.

Admis au sociétariat en avril 1902, sous le parrainage de Paul Hervieu et de M. Henri Lavedan, il avait déjà fait représenter à cette époque *Les Quarts d'Heure*, écrits en collaboration avec Henri Lavedan, et *Snob*, comédie en quatre actes, qui fut représentée en 1897 au théâtre de la Renaissance, sous la direction de Lucien Guitry.
Par la suite, il donna encore à la scène : en 1900, à la Renaissance, *Le Post-scriptum*, un acte en collaboration avec André de Lorde ; en 1901, au théâtre Sarah-Bernhardt, *Ménage moderne*, comédie en quatre actes ; la même année, à la Comédie-Française, *Le Nuage*, comédie en deux actes ; au Théâtre-Français encore, en 1907, *Chacun sa vie*, comédie en trois actes, en collaboration avec P.-B. Gheusi ; en 1909, à la Porte Saint-Martin, *Lauzun*, comédie en quatre actes, en collaboration avec François de Nion ; en 1913, de nouveau à la Comédie-Française, une comédie en quatre actes : *Vouloir ;* en 1926, au théâtre Moncey : *Ne fais pas ça*, trois actes en collaboration avec Picavet ; la même année, au même

25

théâtre, avec Picavet encore, une comédie en trois actes : *Quand on aime*.

A cette production dramatique déjà si abondante, il faut ajouter plusieurs livrets de drames lyriques : *Ghyslaine*, en collaboration avec Marcel Bertrand, représenté à l'Opéra-Comique en 1909 ; *Céleste*, en collaboration avec Trépard, en 1913.

Encore n'est-ce là, dans l'œuvre de Gustave Guiches, que la part du théâtre. C'est à notre confrère et ami José Germain, de la Société des Gens de Lettres, que revient l'honneur de rappeler et de louer une autre part, encore plus nombreuse et diverse peut-être : l'œuvre du romancier et celle du chroniqueur.

Dans le deuil qui nous frappe, à l'heure où l'on embrasse du regard ce qui s'en va et ce qui reste : d'un côté, des souvenirs d'un autre temps, des idées, des admirations qu'on avait en commun et le charme de l'amitié ; de l'autre, l'œuvre écrite où l'homme se survit ; en vérité l'âme s'émeut de constater combien cette longue et noble existence fut laborieuse, attachée à son objet, à ce qui était son besoin, son souci, son amour, attachée aux Lettres qu'elle a cultivées, enrichies, illustrées avec un égal bonheur sous les formes les plus variées.

Et cependant, l'on disait parfois de Gustave Guiches que c'était un nonchalant. Il y a là un grand mystère. J'ai bien peur que l'écrivain que nous pleurons, n'ait été un des derniers représentants d'une espèce qui tend, hélas ! de plus en plus à disparaître : le laborieux nonchalant.

Aujourd'hui, l'époque nous bouscule et, ce qui est pire, elle nous modèle à son image. [Déjà ! FAQ] C'est-à-dire que nous travaillons dans la hâte. Gustave Guiches n'était pas pressé, mais au moment où il nous quitte, on s'aperçoit qu'il a chanté sa chanson.

Autre mystère : les pages brillantes, entendez les succès,

les applaudissements ne manquent pas dans cette carrière d'auteur dramatique, et pourtant ce n'est pas diminuer Gustave Guiches que de dire — ici où tout se résume dans une terrible clarté — que sa vie fut constamment difficile. Ce n'est pas le diminuer, c'est l'honorer. Car les difficultés contre lesquelles il eut à lutter jusqu'à la fin tenaient à une disposition d'esprit singulière, en accord avec sa nonchalance précieuse : **il ne pouvait écrire que ce qui lui plaisait et quand ça lui plaisait. Quel péril dans notre âge de fer !** [Idem ! FAQ] Mais aussi quel orgueil ! quelle hauteur !

Oui, la gentillesse de Gustave Guiches, ce qu'il y avait d'exquis dans son commerce, ne doit pas nous cacher l'élévation de son caractère, l'éminente dignité de son attitude esthétique et morale.

Lorsqu'il vint à Paris de son Quercy natal, dont il avait gardé dans la voix quelques notes sonores, on sait qu'il mit d'abord tout son feu au service de l'école de Médan. Puis, après la publication de *La Terre*, il fut l'un des cinq qui signèrent le fameux manifeste de protestation par lequel les dissidents du naturalisme consacraient leur rupture avec le maître. Guiches, plus tard, s'est repenti de son geste. Dans ses souvenirs, dans ses lettres, en maintes déclarations, il a fait amende honorable à la mémoire de Zola. Sans doute s'exagérait-il la faute, si faute il y a, que suffirait à expliquer la belle intransigeance qu'apportait alors la jeunesse dans les batailles littéraires. Mais il est permis d'aller plus loin et de se demander si, en rompant avec Zola, Gustave Guiches n'était pas encore plus sincère avec lui-même, plus fidèle à sa propre nature qu'il ne le supposait même à l'époque.

Le pessimisme épique d'un Zola n'était point son domaine. Si je cherchais à caractériser en quelques mots ce qui fut sa qualité personnelle, ce qui de lui se retrouve tout au long de son répertoire dramatique, je dirais que c'est un délicat mélange de pénétration et d'indulgence, de clairvoyance et de sensibilité.

La même lumière mélangée brillait dans les regards calmes de ses yeux bruns. Rien ne lui échappait de la sottise, des petits calculs, de tous les mensonges, de toutes les laideurs, mais il n'en voulait pas aux sots d'être sots, aux calculateurs de calculer, aux menteurs de mentir, aux vilains d'être vils.

Recueillons-nous. C'est une rare rencontre que celle d'un beau talent et d'une âme pure. L'œuvre de Gustave Guiches en portera longtemps le témoignage. Chroniqueur, il était « mordant », comme on dit, mais ses morsures restaient aimables.

Il a réalisé ce miracle : avoir infiniment d'esprit et pas une ombre de méchanceté.

Devant la douleur de celle qui fut la dévouée compagne de toute sa vie, la compagne tour à tour de ses succès sans vanité et de ses luttes sans amertume, devant sa fille, devant tous les siens, nous nous inclinons avec émotion, avec le plus profond respect. »

Discours de Me Louis Sarran :

« Cher grand ami,

Vous aviez déjà dit au monde un adieu prématuré et c'était dans la maison du sage que vos admirateurs devaient forcer votre bienveillante intimité.

Je vous vois encore autour de la tablée familiale, sous la lumière de cette branche de houx, symbole de calme félicité, discrètement voilée à l'intention des pupilles fragiles. Devant les produits des crus de ce Lot où vous aimiez à retrouver chaque été les souvenirs de votre enfance, vous évoquiez pour nous votre brillante et laborieuse carrière.

Les hommes de mon âge assistaient à la résurrection des grands écrivains, des grands acteurs dont les lointaines images avaient hanté notre adolescence. Par la magie de votre verbe coloré, les illustres contemporains prenaient corps et nous gravissions avec vous le calvaire de l'auteur dramatique, depuis les compétitions pour les rôles, les caprices des interprètes, les inquiétudes des répétitions jusqu'à l'angoisse de la « générale » ; dissimulés avec la chère maisonnée dans l'avant-scène, directoriale, nous participions au triomphe de la « première ».

Et le temps s'écoulait fluide et léger, dans cette atmosphère de littéraire cordialité ; les aiguilles tournaient silencieuses sur le cartel patrimonial et l'heure du métro passait inaperçue...

Souriant, avec la courtoisie d'un gentilhomme, il reconduisait ses hôtes et dans le trajet du salon à la porte, se rallumait la flamme mal éteinte de quelque anecdote inachevée et nous emportions la vision de ce fin profil de prélat dont les arêtes fermes accusaient la solidité du sol natal. Et voici que, brutalement frappé par un mal sournois et implacable dont il a méprisé les avertissements, il est étendu sur son lit de mort. Nos derniers regards auront vu un frêle corps torturé par la souffrance, comme vidé de sa substance, le visage conquis par ce front sans ride, sous lequel a commandé jusqu'à l'avant dernière heure la lucidité de sa vive intelligence. Pour cette ultime présentation, des mains pieuses l'ont revêtu de l'habit de cérémonie et, sur sa poitrine rétractée s'étale le large ruban rouge de cette croix d'officier de la Légion d'Honneur que nous avons fêtée, hommage tardif d'une génération trop oublieuse. « La modestie, a écrit La Bruyère, est au mérite ce que, dans un tableau, les ombres sont aux visages ; elles leur donne de la force et du relief » à ce portrait, dans lequel chacun de nous vous a reconnu, il manque un trait :

le suprême orgueil de n'être jamais satisfait de soi même.

Que de fois, alléchés par la primeur de quelque passage culminant d'un œuvre en chantier, vous nous avez déçus dans notre impatience de connaître l'œuvre tout entière. Votre conscience d'écrivain exigeait, avec la ciselure des mots, la clarté d'une pensée sans pénombre et vous viviez dans le monde imaginaire de vos créations avec le seul souci de la perfection. Aussi, vous consoliez-vous sans amertume d'avoir laissé passer l'heure où devaient s'ouvrir devant vous les portes de l'Académie et les succès qui ont accueilli vos compagnons de lettres paraissaient vous dédommager de ceux qui vous y attendaient et qu'il vous a répugné de solliciter.

Comment, au cours de cette existence simple et lumineuse, n'auriez vous pas suscité autour de vous ces fraternelles amitiés qui rachèteraient, s'il était possible, l'infirmité de notre condition. Malgré les revanches de la fortune sur qui l'oublie ou la dédaigne, vous avez été un mortel privilégié. Sans efforts, vous avez atteint le sommet le plus élevé du bonheur auquel nous puissions prétendre : vous avez été aimé. Vous avez été, vous n'avez cessé d'être l'objet de l'amour sous ses deux formes les plus nobles et les plus pures : l'amour conjugal et la piété filiale. En vous, les deux femmes admirables qui sanglotent avec nous ont trouvé l'idole de leur vie : anges gardiens sans répit ni repos, leurs deux existences étaient si étroitement confondues avec la vôtre que votre séparation apparait comme une amputation inconcevable et sacrilège.

Hélas ! lorsque le destin avare consent à nous prêter le bonheur, il alourdit d'autant la rançon de regrets et de pleurs qu'il nous impose bien vite. Cher Grand Ami, le cœur brisé, nous vous offrons largement ce tribut. Respectant votre discrétion, le sort a voulu que vous disparaissiez en cette saison de vacances où le Tout Paris, dont vous avez été pendant de longues années l'une des personnalités marquantes, s'est égaillé dans le repos des villégiatures. Une couronne d'amis entoure votre cercueil, qui communient dans la volonté de ne pas laisser périmer votre mémoire et veulent partager avec vos anges gardiens la cruelle douleur de votre perte pour qu'elle leur soit plus légère. C'est au nom de ces amis, présents ou absents, que je vous dis ces pauvres paroles d'adieu, à vous qui nous avez si souvent tenus sous le charme et que nous sommes condamnés à ne plus entendre. Dormez en paix ! »

Et dans le Lot, qu'elles furent les réactions ?

Eugène Grangié dans *le Journal du Lot* du 30 août 1935, écrivait sous le titre « UN GRAND QUERCYNOIS : GUSTAVE GUICHES » : « Il y a trois semaines, à Eaux-Bonnes où je faisais un court séjour, un simple entrefilet dans la rubrique nécrologique d'un grand quotidien de Paris m'apprit la mort de Gustave Guiches.
A la douleur que j'éprouvai, de l'indignation se mêla. Le même journal à prétentions littéraires qui accordait, dans le même temps, des panégyriques développés à une actrice de second plan et à un recordman de troisième zone, ne trouvait, pour annoncer la disparition d'un écrivain illustre, que ces cinq lignes en style d'état civil ! D'autres, Dieu merci ! ont fait mieux. Rentrant de voyage, je lis, dans *le Journal du Lot*, les excellents articles qu'Emile Laporte, puis Ernest Lafon ont dédié à la mémoire de notre ami. Qu'il me soit permis d'ajouter un humble et bien tardif bouquet aux couronnes quercynoises pieusement déposées sur la tombe du maître d'Albas.
Il voulait bien m'honorer de sa bienveillance. Comme Emile Laporte et comme Ernest Lafon, je me rappelle avec mélancolie ces radieuses matinées d'août commençant

31

qui, plusieurs années de suite, nous amenèrent à Camy. [Il valait mieux sympathiser avec les journalistes pour obtenir de bons articles... naturellement au troisième millénaire les plus indépendantes se préoccupent de la qualité littéraire et jamais le soupçon de copinage ne saurait accabler cette profession... Même dans le Sud-Ouest ! FAQ] Aussitôt arrivé dans cette maison des champs, aux terrasses fleuries, que ses buis épais et ses arbres élancés isolent de la route et comblent de fraîcheur sans nuire en rien à ses magnifiques vues sur la plaine, la rivière et les collines, dans cette maison qu'il décrivait avec amour dans son premier ouvrage de mémorialiste : *En Vacances*, Gustave Guiches se plaisait à appeler auprès de lui ses amis de la ville et de la vallée. L'accueil de Mme et de Mlle Guiches doublait le charme de ces réunions qui débutaient par un repas plantureux et délicat à la vieille mode albasienne.

A table, au salon, dans le parc, de longues causeries suivaient, au cours desquelles le grand écrivain nous contait et nous confiait, avec sa verve, sa franchise et sa modestie habituelles, ses souvenirs et ses projets, nous interrogeait sur la vie locale, anxieux de reprendre pied d'emblée et solidement dans sa chère province. Des choses et des gens du Quercy il voulait tout connaître. Le moindre incident cadurcien l'intéressait davantage qu'un événement parisien à sensation.

Nous admirions la profondeur et la continuité de cet attachement de l'artiste envers sa petite patrie. Certes, nous nous souvenions des preuves que Gustave Guiches nous a fournies, de *Céleste Prudhomat* à la *Vie amoureuse de Murat*, tout au long de son œuvre. Nous n'en étions pas moins émus à chacune de nos rencontres avec le « vacancier » de Camy.

Et c'est pourquoi, un jour, nous proposâmes au romancier et au dramaturge de se faire pour un soir conférencier, de prendre un contact direct avec ce public cadurcien qui l'admirait et désirait l'approcher, enfin de narrer aux *Amis du Beau Vieux Quercy* quelques épisodes de sa glorieuse carrière.

Requête osée, nous semblait-il ! L'empressement joyeux avec lequel elle se trouva accueillie nous montra qu'elle répondait à un désir qu'à l'encontre de tant d'autres, le trop discret écrivain s'était interdit de formuler. Et ce fut, au début d'octobre suivant, une des plus émouvantes soirées que notre société ait données durant ses huit années d'expériences variées. Cahors connaissait l'écrivain. Il en était fier. Immédiatement, l'homme le charma par sa simplicité souriante, son esprit étincelant, sa claire et indulgente expérience de la vie littéraire et de la vie tout court.

M. de Monzie, déclarait récemment dans un banquet : « Pour plaire à Cahors, il ne suffit pas d'avoir du talent, voire du génie. Il faut être gentil ! » Ce don de gentillesse, nul ne le posséda à un plus haut degré, nul n'en usa avec autant de finesse et de grâce innées que l'auteur de *Snob*. Lorsque Gustave Guiches prit la parole devant les *Amis du Beau Vieux Quercy*, il venait de publier, à la louange unanime de la critique, ces deux volumes de mémoires qui s'appellent : *Au Banquet de la Vie* et *le Banquet*. Un troisième allait paraître qui s'appliquait au théâtre et s'intitulait *le Spectacle*. Cahors eut la primeur de ces pages savoureuses, abondantes en révélations inattendues, en tableaux lumineux, en anecdotes piquantes dont on a dit qu'elles vivront car elles font revivre pour toujours une époque entre toutes brillante et combative de notre littérature.

Gustave Guiches nous promettait une seconde conférence pour un des prochains automnes. L'homme propose, le sort dispose ! Par une singulière coïncidence, notre Société

33

se met en sommeil pour toujours, peut-être, au moment même où le maître d'Albas prend son grand repos.

A plusieurs occasions, ici-même, j'ai parlé de l'œuvre de notre ami et tenté d'en montrer l'originalité, l'harmonie et la richesse. Peut-être reprendrai-je quelque jour ce beau sujet. Il est trop vaste pour que j'y revienne aujourd'hui. Je me contenterai de citer la finale de l'article que Lucien Descaves consacrait l'autre jour, dans *le Journal*, « au compagnon de sa jeunesse et de ses premières armes. » Il écrivait : « Gustave Guiches ne reçut pas du destin tous les bienfaits que son talent et sa séduction personnelle en pouvaient attendre. Il écrivit une quinzaine de romans remarquables ; il fit représenter une dizaine de pièces qui, pour la plupart réussirent (deux d'entre elles, jouées à la Comédie-Française, lui valurent le prix Toirac) ; il avait un grade, je ne sais au juste lequel, dans la Légion d'Honneur ;   il   exerça   laborieusement, consciencieusement, pendant cinquante ans, *son chien de métier*, et tout cela sans office ou bénéfice autre pour vivre, lui et les siens, à soixante-dix ans passés, qu'un modeste emploi au *Bulletin municipal officiel*, obtenu de la générosité de l'Hôtel de Ville, à la requête de la Société des gens de lettres.

Mais Guiches ayant assisté aux derniers moments de son maître, Villiers de l'Isle-Adam, devait se consoler de ses déboires en pensant qu'un littérateur qui meurt pauvre peut tout de même laisser une fortune : son nom. »

Ce nom doit rester vénéré plus encore qu'ailleurs dans ce pays lotois que le grand écrivain aima d'un cœur fidèle, dont il célébra la splendeur et la grâce si souvent et avec tant de dévotion. Notre ville, en particulier, peut-elle perdre de vue la mémoire de l'un des plus illustres élèves de son lycée, de l'homme qui, toute sa vie, prononça, avec une égale tendresse, le nom de Cahors et celui d'Albas ?

Léon Lafage m'écrivait, il y a quelques jours : « Et voilà ce pauvre Guiches disparu. Je pense que le Quercy, qui lui doit beaucoup, ne l'oubliera pas. » Je veux le croire aussi et même espérer que cette reconnaissance se manifestera par des actes !
Eug. GRANGIÉ. »

La Nouvelle revue, en mai 1936, notait : « Ce n'est nullement diminuer la mémoire de Gustave Guiches que de constater qu'il a laissé plus de gloire que d'argent. Dans *le Journal*, Jean Ajalbert se servit de cet exemple pour prêcher la croisade pour la défense des écrivains dont le sort matériel n'est pas toujours en rapport avec le labeur fourni et les services que par leurs œuvres ils rendent à la collectivité.
A soixante-six ans, Gustave Guiches jette un regard sur la jeunesse. Il écrit dans *Le Banquet :* « A vingt-cinq ans, je me suis trouvé dans l'alternative de me soumettre à une existence asservie et abrutissante mais exempte du souci matériel ou de prendre sous ma responsabilité et tout entière à ma charge la vie que je voulais. Je n'ai pas hésité. J'ai choisi la responsabilité et la charge. Durant sept ans, seul à Paris, j'ai lutté de toute mon encre, à l'arme noire, ni plus ni moins d'ailleurs que mes camarades qui aiment leur art de toute leur peine et de tout leur courage. J'ai connu des revers, des déceptions, des dénis de justice, des mortifications, des douleurs, de rudes instants, mais ni plus ni moins que mes camarades qui ont payé eux aussi de rigoureux écots et, comme dit Zola, longtemps « avalé » une couleuvre pour leur petit déjeuner du matin.
Durant ces sept années, je n'ai pas seulement dirigé ma vie selon la volonté de l'esprit. J'ai, spontanément accompli la volonté du cœur, je me suis marié. J'ai près de moi une affection qui semblable à la mienne s'est donnée la

devise : « l'un pour l'autre » et nous avons près de nous une enfant qui a nos deux tendresses.

En vérité j'ai beau éplucher ma vie, je n'ai droit jusqu'à présent ni à l'aigreur ni à la récrimination. Moins encore à la révolte ou au découragement. »

Lotois... et en plus il a accepté de vivre de peu pour se compromettre le moins possible, même s'il a fréquenté des notables postés aux portes des médailles et louanges.

Alors, pourquoi débuter par ce "recueil" ? Car les territoires façonnent les Hommes ? Même si, à première vue, l'auteur nous expose une autre époque, des fondamentaux percent...

Une rue non référencée par "google maps", un buste... Dans sa séance du mardi 5 mai 1936, le bureau du Conseil général du Lot, présidé par M. DE MONZIE (Vice-Présidents : MM. FONTANILLE et ROUGIER) retient :

« Monument à la mémoire de M. Gustave Guiches. — Subvention du département

M. Orliac, rapporteur (élu de Gramat et pharmacien à Cahors) : Je voudrais faire à l'Assemblée une communication, car je ne voudrais pas qu'il y ait de surprise. Vous savez qu'on élève un monument à la mémoire de M. Gustaves Guiches. Nous avons été sollicités de subventionner ce monument. Sur les fonds que le Conseil général a votés pour l'encouragement aux belles lettres et aux arts, nous avons pu disposer d'une somme de 2.000 francs et nous avons fait connaître au Comité que, sauf non-approbation par le Conseil général, nous mettrions cette somme à sa disposition. Je vous propose donc de nous autoriser à donner au Comité cette somme de 2.000 francs ainsi que nous l'avons décidé en Commission.

Adopté. »

Ce monument à la mémoire de M. Gustaves Guiches, est-ce celui d'Albas ?

Naturellement, je découvre tout cela peu de temps avant vous, sans l'intention de me transformer en biographe de ce voisin... Puissent ces recherches vous avoir éclairé... Et vous donner l'envie de (le) lire...

François-Antoine de Quercy.
http://www.lotois.fr

Gustave Guiches

François-Antoine de Quercy
(préface, commentaires, photos)

Au fil de la vie

« Sans doute est-il important de lire les classiques ; plus important peut-être de lire d'abord la littérature de son propre temps, énorme en soi. Mais ce qui est plus précieux encore, pour un écrivain à tout le moins, c'est de lire tout ce qui tombe sous la main, de suivre son flair, pour ainsi dire. Dans les volumes moisis de toute grande bibliothèque sont enterrés des articles écrits par des individus obscurs ou inconnus, sur des sujets apparemment sans importance, mais saturés d'éléments d'information, d'idées, d'imagination, d'états d'esprit, de lubies, de présages menaçants, le tout d'un tel calibre qu'on ne peut les comparer, par leur effet, qu'à des drogues rares. »
Plexus, Henry Miller

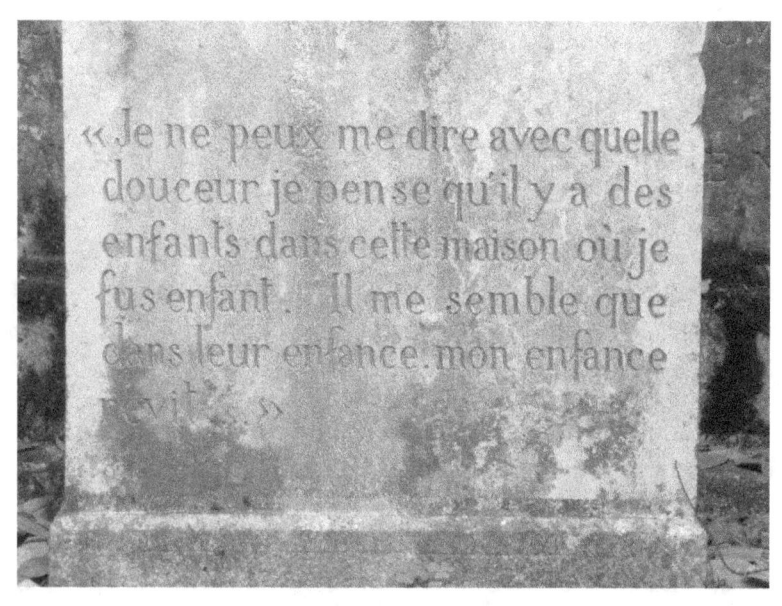

« Je ne peux me dire avec quelle
douceur je pense qu'il y a des
enfants dans cette maison où je
fus enfant... Il me semble que
dans leur enfance mon enfance
revit... »

Gustave Guiches

Au fil de la vie

Éditeur : Paul Ollendorff, rue de Richelieu, 28 bis, Paris.

Date d'édition : 1895

DU MÊME AUTEUR (au moment de l'édition originelle)

Céleste Prudhomat

L'Ennemi

Les Ombres gardiennes

L'Imprévu

Philippe Destal

Un cœur discret

Gustave Guiches

Au fil de la vie

A GEORGES ROLLAND

Permettez-moi, mon cher Rolland, de vous dédier ces scènes de la vie parisienne et provinciale en joignant à ce cordial hommage le souhait que le savant y découvre quelque... distraction et l'indulgent ami un peu d'intérêt.

G. G.

CENT DEUX ANS !

I

[Aucun Saint-Martin-le-Gélat dans nos campagnes... Moins de 25 kilomètres, par nos routes sinueuses, séparent Albas et Saint-Martin-le-Redon. Pour se rendre à Frayssinet-le-Gélat, moins de 20.
Entre les deux communes dont l'auteur semble avoir fusionné les noms, moins de 15. FAQ]

Depuis plus de vingt-cinq ans, Arsène Pépion habitait Saint-Martin-le-Gélat.

C'était un vieillard extrêmement âgé, au visage grave dominant des cravates à triple collier noir et dont toute la personne respirait un air d'élégante dignité.

Appuyé sur de hautes cannes à bec d'oiseau, il marchait, tout au plaisir de la promenade et sans s'inquiéter des passants.

Cette réserve, qu'on qualifiait de hautaine froideur, avait éloigné de lui la sympathie des habitants de Saint-Martin-le-Gélat. La « société » le tenait à l'écart, prétendant qu'un mystère louche enveloppait ses origines, et les rumeurs avaient été jusqu'à propager des insinuations dont il s'était vainement disculpé et qui entachaient la pureté de sa vie.

Pourtant aucun fait précis ne justifiait cette hostilité. Aux premiers temps de son installation, sa manière de s'exprimer, affectée peut-être, froissait les susceptibilités rurales, et l'on accusait le nouveau venu de chercher à « esbrouffer le public ». Puis, un commis voyageur de passage ayant dit en l'apercevant : « Tiens ! cette vieille canaille de Pépion est donc dans vos murs ? » ; on avait questionné le voyageur mais il n'avait fait que des réponses évasives :

— Je ne sais pas où diable je l'ai vu. Je crois qu'il dirigeait un bazar dans une ville du Nord. Je n'affirme rien. Je ne le connais pas personnellement, mais Vassal, mon collègue et ami Vassal m'a certifié que c'était une canaille fieffée. Je répète les propres paroles de Vassal.

Ceux qui écoutaient cette déclaration se regardèrent en souriant comme si leurs soupçons venaient d'être confirmés par un irrévocable témoignage. Le juge, Alain Pestel, affirma :

— Vous n'avez pas besoin d'en dire davantage ; nous sommes édifiés.

Et l'impression de cette flétrissure, de ces mots : *une vieille canaille*, insouciamment jetés dans la fougue d'une conversation de café, s'était gravée, ineffaçable, en l'esprit des auditeurs. Pestel avait résumé l'opinion de tous et, de ce jour, Pépion fut la vieille canaille consacrée par le verdict du juge et les propos du commis voyageur.

Quelques femmes s'obstinaient, à cause de ses galantes allures, à défendre le vieillard.

— Que lui reproche-t-on ? demandaient-elles.

— Comment ? Ce qu'on lui reproche ? Mais, parbleu !...

on lui reproche... ses antécédents. Il y a des choses dans cette vie, des choses qu'on ne saura jamais !...

C'est ainsi qu'ils s'exaltèrent, s'excitèrent à ne jamais le saluer, et à lui témoigner un parfait mépris.

Caprais, l'instituteur, déclara : « Le passé de cet homme est un abîme ! » Et ils avaient tous la grimace d'une nausée à la pensée d'opérer quelques fouilles dans la vie d'Arsène Pépion. A l'église, en pleine messe paroissiale, les fabriciens s'étaient en masse et spontanément retirés lorsque le vieillard essaya de pénétrer au banc de l'œuvre parce qu'il n'avait point trouvé de place dans la nef. Pépion s'éloigna et, déployant son mouchoir sous ses genoux, entendit l'office, le front collé à ses mains jointes sur sa lourde canne à bec d'oiseau.

Aux premières injures, sa stupeur avait été si accablante qu'il était resté, tout un grand moment comme perclus. Puis, il avait souri, pensant : « Il y a sans doute quelque méprise qu'un mot dissipera », et, tour à tour, il s'était adressé au juge, à l'instituteur, au receveur de l'enregistrement, au notaire. Il insistait auprès d'eux, trouvait des accents d'une pénétrante sincérité :

— Je vous en supplie, messieurs, dites-moi le motif de cet ostracisme. Qu'ai-je fait pour mériter votre mépris ? J'ai beau interroger mon passé, je n'y trouve pas l'ombre d'une faute, pas même d'une inconséquence qui puisse justifier votre réprobation. Je suis le fils d'honnêtes négociants de Saint-Denis, près de Paris. J'ai quitté, très jeune, mon pays natal. J'ai beaucoup voyagé. Le hasard a conduit mes pas dans ce pays. J'ai résolu de m'y fixer, d'y finir mes jours. J'ai droit à l'estime de mes semblables.

Formulez un reproche, une accusation, je me défendrai. Je réduirai la calomnie à néant. Je suis vieux. Je ne me sens plus la force de quitter cette contrée dont le soleil me rajeunit un peu ; mais je vous jure que je ne survivrai pas à cette malédiction qui m'écrase, contre laquelle je n'ai d'autre recours que d'impuissantes révoltes et le désespoir qui me ronge dans cet isolement immérité !...

Quelques-uns l'écoutaient avec une politesse glaciale, d'autres avec ironie. La plupart l'éconduisaient sèchement.

Il hasardait alors des arguments positifs :

— Je suis riche. Je désire consacrer ma fortune et toutes les lumières dont je puis disposer à mon pays d'adoption. Je veux être utile. Un vieillard comme moi ne peut plus avoir que la suprême ambition de faire le bien. Mais, au nom du ciel, laissez-moi me rapprocher de vous ; rompez ce cordon sanitaire que vous avez tracé autour de moi ainsi qu'autour d'un pestiféré !...

Les moins intransigeants lui répondaient qu'il exagérait les choses, que, sans doute, la population ne lui était pas sympathique, bien qu'il fût difficile de connaître le vrai motif de cette malveillance, mais qu'il ne fallait pas désespérer d'une réaction. Ils interrogeaient leur montre et, sans serrer la main que le vieillard avançait, prenaient congé, murmurant de brèves paroles : « Excusez ; j'ai bien l'honneur... »

Pépion s'en allait, étouffant des soupirs de rage humiliée, se trouvant lâche d'avoir essayé de fléchir ce stupide entêtement.

Quel besoin avait-il de lutter contre l'inepte aversion de la foule ? Il se jugeait irrémissiblement vil de ne pas opposer un dédain stoïque à ce mépris dont il était souffleté comme par d'innombrables et d'invisibles mains. Et pourtant il s'interrogeait, remontait sa vie déjà longue, scrupuleusement, étape par étape ; mais il n'avait que la vision rétrospective d'une route plane, sans une aspérité, sans un trou qui pût évoquer le souvenir d'une chute, et sa pensée rebroussait chemin, reprenait cet itinéraire à ciel ouvert dont le point de départ se perdait si loin !

[Oui, il vaut mieux opposer un dédain stoïque au mépris dont on semble souffleté, comme par d'innombrables et d'invisibles mains, quand on n'est pas né ici... Il semble que ce texte puisse être considéré comme une description des mentalités du coin... et malgré le brassage de populations, elles demeurent "parfois"... en certains endroits... "*Les imbéciles heureux qui sont nés quelque part*" de Georges Brassens incluaient déjà Montcuq... Peut-être pas uniquement pour la rime... FAQ]

« Qu'ai-je pu faire ? Que peut-on me reprocher ? » Il scruta son existence commerciale. Il en retourna les feuillets, un par un, et en parcourut les doubles et intègres colonnes du Doit et de l'Avoir. Pas le moindre gain illicite ; pas une involontaire et préjudiciable erreur à côté de laquelle il ne pût mettre la date exacte de la réparation.

Il ausculta sa conscience, sévèrement, et conclut à son absolue probité. Il analysa son caractère, en constata la stricte droiture. Il se reconnut même une tendre sensibilité, une philanthropie qui s'était révélée par des actes, et, à ce sujet, seulement il s'avoua subjugué par un penchant irrésistible à se glorifier de ses mérites et à rechercher les honneurs.

Mais ces défauts ne pouvaient être les causes de l'inexorable mépris qu'on lui témoignait. Le châtiment de ces fautes vénielles n'appartient pas aux hommes. Non ! cette pensée était ridicule. On ne pouvait s'y arrêter un seul instant. Quant aux événements de sa vie, ils étaient si ténus que quelques-uns seulement se dressaient, isolés, revêtus d'un caractère d'exceptionnelle importance. Il revoyait son enfance, une enfance de boutique, dans des salles sombres où des jeunes gens pommadés passaient et repassaient en d'étroites avenues bordées de tapis de Smyrne, de toiles, de soies multicolores et d'obscurs mérinos. Une chaleur de poêle alourdissait l'atmosphère ; une odeur de draps l'affadissait.

Ses premiers jouets avaient été des rouleaux de rubans. Sa mère, frappée très jeune par la paralysie, avait pour lui une tendresse enfantine qu'elle épanchait en des crises de larmes, les bras noués autour du cou de son fils. Le souvenir de son père lui laissait une impression de gravité ; mais il n'évoquait plus que les traits essentiels de cette physionomie : une longue barbe qu'il avait vue blanchir après la mort de sa mère, un nez droit, des yeux fixes, et à l'oreille, le porte-plume, toujours. Puis, il se remémorait ses premières tournées au compte de la maison Pépion et fils, ses voyages dans les départements, la gaieté des collègues, son amitié avec Vassal ! Ah ! Vassal ! Qu'était-il devenu ? Sans doute, il se cachait, se croyait coupable pour ces dix mille francs que lui, l'ami Pépion, n'avait pas hésité à lui prêter lors de la déconfiture, en une petite ville de Bretagne, du magasin de nouveautés qu'il avait mis sous le patronage de Duguesclin. Dix mille francs ! Il les donnerait encore pour retrouver Vassal, l'unique ami, l'impétueux Méridional dont les récits avaient enflammé son imagination et l'avaient décidé à fixer à Saint-Martin-le-Gélat sa dernière résidence, celle où il comptait attendre la mort, paisiblement.

Et c'étaient là les seuls faits qu'il pût détacher sur l'uniformité de son existence, la mort de ses parents, ses voyages, l'amitié de Vassal, la perte des dix mille francs ! Pas un éclat, pas une honte ; une honnêteté limpide, une carrière irréprochable, et... le mépris public comme couronnement !

Il sentait sa tête se perdre dans ces investigations. Il se croyait victime d'une équivoque, sans espoir d'explication. Il était déshonoré par erreur, et jamais peut-être cette erreur ne serait reconnue ! Cela tenait, sans doute, à une ressemblance avec quelque scélérat de la région, à une confusion, à un de ces riens subtils, mortels, qui embrouillent jusqu'à le rendre indénouable l'écheveau des malentendus.

Mais le sentiment qui, bientôt, en lui, surpassa les autres fut l'effroi de son isolement. Il marchait, désormais, dans la vie, comme un sourd-muet à travers le silence. L'espace semblait s'élargir. Il se sentait tournoyer dans un vide, égaré dans un désert sans limites. Il exténuait son chagrin dans des courses solitaires. Il parlait seul, tout haut, dans la campagne, pour entendre une voix. Il appelait les oiseaux, chantonnait et récitait des vers.

Mais, lorsque rentrant de Saint-Martin-le-Gélat, il regagnait sa maison, sa tristesse s'aggravait aux mélancolies du soir.

La nuit lui noircissait, bientôt, la pensée. Une peur superstitieuse pénétrait en lui, goutte à goutte, lui glaçait le cœur.

Cette hostilité que les hommes lui témoignaient, il la retrouvait partout, il la respirait. Les taillis avaient l'air de receler des embuscades. Une hallucination transformait les aspects autour de lui, donnait une volonté aux choses, une signification aux formes et propageait, à travers l'étendue, la vision même de l'obsession qui le hantait. Une perspective de noyers monstrueusement tordus, gonflés de nodosités séculaires allongeait au-dessus de sa tête des branchages feuillus et, sous ce dôme crépitant où des *rats bridés* grinçaient de brefs éclats de rire, le vieillard, oscillant sur ses maigres jambes, s'avançait d'un long pas harassé.

Et chez lui, point de repos, car, en ce refuge qu'il avait calfeutré pour sa vieillesse, le silence condensé dans les chambres acquérait une plus saisissante intensité.

II

— Si vous ne réagissez pas, je ne vous donne pas un an avant d'être atteint de la folie des persécutions.

Le docteur Bédué, debout devant le fauteuil où Pépion reposait, venait de prononcer ces paroles qu'il accentua d'un geste signifiant : « C'est votre affaire, arrangez-vous comme vous voudrez. »

Le vieillard roula sa tête sur le dossier, désespérément. D'une voix affaiblie, il balbutia :

— Comment voulez-vous ?... Je ne peux pas forcer les gens !... Que faire, mon Dieu !

— Hé, sapristi ! s'écria le docteur impatienté, c'est

pourtant bien simple. Allez, tous les jours, au café Delmouly, à la même heure. Asseyez-vous seul, à la même table, et attendez le public. Il finira bien par venir et, s'il ne vient pas, cette séance quotidienne vous procurera toujours une distraction !...

Une indicible joie transporta le vieillard, une joie d'incurable aux yeux de qui la bienveillance d'un spécialiste fait inopinément miroiter l'espoir de la guérison.

Il se dressa, subitement, ingambe et résolu, et il déclara :

— C'est entendu, docteur, je suivrai votre conseil. Après tout, j'exagère peut-être. On finira par me rendre justice. Les hommes ne sont pas si mauvais !

De ce jour, il se retourna vers la vie. À cinq heures, il entrait au café Delmouly, demandait un verre de menthe et s'asseyait non loin du cercle formé par le juge, le percepteur M. Lorphelin, l'instituteur, le capitaine Napias et quelques agents du service vicinal.

Il les considérait penchés sur des cartes que quelques-uns, par une instinctive prudence, rabattaient sur leur poitrine ainsi qu'un éventail. Ils étaient divisés en deux camps par la table de marbre, sur laquelle ils frappaient à coups redoublés, criant à faire vibrer les carafons du comptoir :

— Atout, atout, et atout !

Il les regardait sans amertume, avec le calme et profond désir d'un rapprochement. Quelquefois, il gardait les journaux pour se les faire demander : « Après vous l'*Indépendant*. » Il s'empressait et il se hasarda même, un jour, à prononcer en offrant la feuille : « Je vous signale un maître article » et il désignait du doigt un titre en grosses lettres : *Où allons-nous ?*

Il pensa que des largesses provoqueraient plus sûrement le revirement de l'opinion. Il offrit à l'église un buste de saint Etienne et fit installer une bibliothèque dans l'école des garçons.

Peu à peu, les dispositions de la bourgeoisie parurent se modifier en faveur de Pépion. La rigueur publique fléchit comme par lassitude, et ce fut le capitaine Napias qui donna le signal de cet armistice en proposant au vieillard une partie de dominos.

Ce n'était pourtant pas encore le désarmement. Il y avait des réserves dans les attitudes, des hésitations dans les poignées de main, des méfiances dans les regards. Des familiarités pénibles affectaient la dignité de son âge. On le traitait de « malin », de « rusé compère », sans qu'il pût savoir pourquoi. Souvent, l'on alla jusqu'à le tutoyer et à lui faire durement comprendre qu'il devait s'estimer heureux d'être toléré dans la société des honnêtes gens.

III

Ce jour-là, au café Delmouly, les cartes furent négligées. Alain Pestel lisait le récit des fêtes par lesquelles Paris venait de célébrer le centenaire du « doyen des étudiants ». Autour de lui, devant les verres que brunissaient les « amers » et, qu'avec des gestes impatients, ils défendaient contre le tourbillon des mouches, les habitués de cinq heures écoutaient.

Le percepteur entra. Il murmura : « Salue bien », et vint s'asseoir à côté du receveur. En face, l'instituteur avait posé la soucoupe sur son verre.

D'un « chut » impératif, le capitaine Napias imposa silence à des bouchers de passage qui jouaient au billard : « Un peu moins fort, messieurs », et, avec une brusquerie militaire, il secoua, comme pour l'éveiller, Pépion courbé sur le marbre où s'étalait une déroute de dominos.

Le vieillard s'agita, releva la tête. Ses yeux brillaient d'un éclat inusité et le sourire qui entr'ouvrait ses lèvres semblait s'adresser à une pensée soudainement éclose dans son cerveau.

Le juge élevait la voix :

La salle du banquet présente un coup d'œil féerique. Autour de la table somptueusement servie et étincelante de cristaux prennent place les sommités de la politique, de la science et de l'art. M. le président du conseil municipal se lève et, par un mouvement dont on ne peut manquer d'apprécier l'admirable opportunité, sortant sa montre de sa poche, prononce ces mots : « Messieurs, huit heures sonnent. Il y a cent ans, minute par minute, qu'est né l'illustre savant que nous avons l'honneur de fêter !... »

Le lecteur leva les yeux au-dessus du journal et considéra ses auditeurs. Ils se regardaient l'un l'autre, balançaient la tête, soupirant : « Cent ans !... » et l'instituteur ajouta : « Avec toutes ses facultés ! »

Mais, tandis que le juge buvait sur le conseil du capitaine qui venait de lui dire : « Reprenez vos forces », un rire inattendu, tremblotté, secoua le vieillard, et, promenant, sur les visages, son regard placide, Pépion déclara :

— Moi, dans huit jours, à la Saint-Cloud, le sept de ce mois, j'aurai cent deux ans.

Ils tressaillirent comme si, tout à coup, un courant électrique venait de circuler dans leur dos, et, spontanément retournés vers l'interrupteur, tous ensemble s'écrièrent :

— Vous ! monsieur Pépion !

Il souriait. Confirmant sa déclaration précédente, il répéta :

— Oui, moi, à la Saint-Cloud, cent deux ans.

Et il appuya sur ces derniers mots.

Si stupéfiante que leur parût cette révélation, ils n'en pouvaient suspecter l'exactitude. Les paroles de l'altier vieillard, comme on l'avait appelé longtemps, excluaient toute idée de badinage. Elles étaient rares, mais elles avaient du poids, et les esprits impartiaux vantaient la solidité des jugements qu'elles exprimaient. Ses idées étaient lucides et d'une remarquable fraîcheur.

Aussi, devant cette affirmation précise, répétée d'un ton définitif, on ne douta point. Seulement on s'étonnait de n'avoir jamais songé à pressentir l'âge de Pépion.

Ils s'exclamaient :

— Ah ! sacrebleu ! Que dites-vous ? Cent deux ans 1 Vous

n'en paraissez pas plus de quatre-vingt-dix ! Et tous vos cheveux ! Pas une infirmité !...

La figure était vieille, par exemple, (maintenant ils le reconnaissaient), très vieille même, racornie, momifiée, plissée de rides qu'ils déclarèrent n'avoir jamais observées sur le visage des autres vieillards. Ils le détaillaient, s'étant rapprochés, palpaient ses mains, analysant le grain de la peau où M. Caprais fit constater les indurations squameuses que déterminent les longévités, et le receveur désigna l'épaisseur hirsute des sourcils comme l'infaillible indice d'un âge anormal. La voix aussi les frappait, une voix d'outre-tombe, grêle et sans vibration. Un siècle et deux ans !...

Cette fois, tout ce qui restait de leur ancienne rigueur se fondait en un subit, en un irrésistible attendrissement. Ils se sentaient coupables ; mais ils ne s'accusaient pas, rejetaient les torts sur des absents, sur les femmes surtout qui, disaient-ils, s'étaient, les premières, attaquées à la réputation de leur honorable ami ; et ils éprouvaient une religieuse émotion, une solennelle curiosité à contempler cet extraordinaire oublié de la Mort, cet aîné des nonagénaires qui, paisiblement, après son habituelle partie de dominos, annonçait : « Moi, dans huit jours, j'aurai cent deux ans ! » L'instituteur calculait :

— Vous êtes donc né ?...

— Le sept septembre mil sept cent quatre-vingt-quatre, continua Pépion, à Saint-Denis, près de Paris, en face de la basilique qui contient la sépulture de nos rois. Mon acte de naissance a disparu dans la tourmente révolutionnaire et je n'ai jamais pu faire reconstituer mon état civil.

On l'interrogeait avec une respectueuse déférence :

— Comment avez-vous fait pour arriver à ce grand âge ?

Il répondait :

— J'ai vécu frugalement.

— Quel régime avez-vous suivi ? Quelle était votre nourriture ?

— Des aliments substantiels et peu copieux ; pas de viandes échauffantes. Je bois de l'eau rougie. Je me couche tôt et je me lève à l'aube. Voilà tout.

— Vous lisez sans lunettes !

— Je fus obligé d'en mettre à soixante dix ans ; mais, depuis, ma vue s'est sensiblement améliorée.

— Avez-vous jamais servi ? demanda le capitaine Napias.

— J'ai porté les armes sous le premier Empire. J'ai fait la campagne de Russie en qualité de sergent.

— Mâtin !...

On s'exaltait. Le juge frappait la table avec son journal et proférait :

— Ainsi les Parisiens fêtent d'éminents centenaires, sans s'inquiéter s'il existe autre part, des gens d'un âge notablement supérieur ! Ah ! quel bruit dans toute la France si nous célébrions, à notre tour, le centenaire de notre vénérable ami M. Pépion !

— Devant les cent deux ans de notre si cher compatriote, proclama l'instituteur, les *macrobes* dont parlent les journaux ne sont plus que des individualités sans mandat, des enfants !...

Le vieillard semblait écrasé sous l'instantanéité de cette glorification. Il s'était isolé de la discussion, mais, parfois, il protestait d'un geste affable, écartant, comme de dangereuses illusions, les louanges excessives, dont on l'accablait.

A l'heure du dîner, ils voulurent l'escorter jusqu'à sa porte. Pépion traversa la Promenade, appuyé sur le bras d'Alain Pestel qui l'appelait « cher maître », réglant son pas sur le sien, et les habitués du café Delmouly convinrent, avant de se séparer, qu'il était indispensable de constituer un comité.

IV

Sur la façade des édifices communaux et des principales maisons de Saint-Martin-le-Gélat, à l'entrée du pont, des affiches rouges détaillaient, en caractères noirs, le programme du festival donné par les notabilités en l'honneur du centenaire d'Arsène Pépion.

Des mats surgissaient, ornés d'inscriptions : *R. F. — Gloire aux Vieillards !* Des guirlandes couraient dans les rues, en lourds festons frangés de lampions multicolores et aux fenêtres, claquaient de larges déploiements de drapeaux.

Devant la demeure du centenaire, le conseil municipal était rangé, quelques membres revêtus de l'habit noir, nu-tête, écrasant leurs ongles sur leurs poignets dans les efforts qu'ils faisaient pour boutonner leurs gants. A quelque distance, les musiciens de la fanfare se groupaient, embrassant à pleins bras des instruments replets qui arrondissaient sur leurs épaules l'entonnoir des pavillons étincelants.

L'orphéon se massait, bannière flottante, faisant tinter des lyres de vermeil.

Les réflexions couraient : « Par ma foi, qui aurait dit ? Il paraît, tout de même, que c'était pas grand'chose, dans le temps ! — Bah ! c'est si vieux ! Pensez donc cent deux ans ! À cet âge, on devient respectable quand bien même on aurait été le pire des coquins. »

Des gens avisés s'entretenaient, à voix basse, de la possibilité d'une spéculation. Un pharmacien voulait que, par la voie des journaux, on attribuât la longévité de Pépion aux tonifiantes propriétés des sources de Saint-Martin. On parla d'une station balnéaire à fonder, de casinos, de concurrences à Vichy, à Cauterets. Puis projets de société germaient, échauffant les esprits. Des mots techniques circulaient : actions, parts de fondateur, obligations, dividende, capital social.

Dans la foule que contenaient les gendarmes avec de pacifiques injonctions, des enfants exultaient, et des vieux qui se sentaient les collègues du centenaire, accentuaient, par émulation, l'aspect pitoyable de leur débilité.

Pépion venait de paraître.

Un silence se fit.

À tous les regards, il sembla grandi par le frac flottant dont les basques se prolongeaient vers ses escarpins et battaient ses jambes d'échassier au souffle du vent matinal.

Il se tenait très droit, la main passée dans l'échancrure de son gilet, le visage épanoui en un sourire de gratitude et d'orgueilleux enchantement.

Ses regards planèrent sur la multitude qui l'acclamait dans un enthousiasme tumultueux et ses yeux mouillés racontaient la béatitude de son âme guérie, vengée par ce triomphe inespéré. Subitement, il se raidit, car il avait aperçu, braqué sur lui, l'objectif d'un photographe dont la tête venait de disparaître sous un voile noir. Et ce voile fit passer une ombre de tristesse sur son ravissement.

Comme le juge s'avançait et lui offrait son bras, il prononça, s'adressant aux conseillers municipaux :

— Messieurs, je suis à votre disposition.

On le promena longtemps aux sons de la musique, qui, devant lui, jouait la Marseillaise sur des modes divers, tandis que, dans les accalmies des cuivres, l'orphéon exécutait un choeur de circonstance : *Honneur ! honneur ! honneur...*

Il traversa la Promenade dans toute sa longueur et dans sa largeur, salua la gendarmerie, parcourut les rues et les ruelles, s'engagea dans des culs-de-sac, stationna sur la place de l'Eglise, passa le Pont, pérégrina le long des quais. Ensuite il reparut sur la Promenade et recommença des itinéraires dont on intervertissait l'ordre sans en augmenter les péripéties. Il ne témoignait pas de fatigue, marchait d'un pas relevé.

Plusieurs fois, il voulut faire tournoyer sa canne. Il distribuait des dragées aux enfants ; et, lorsque des mères campagnardes lui présentaient leurs tout petits, il étendait la main sur les nourrissons qui avaient des têtes d'oiseaux déplumés, et il les bénissait. Le photographe suivait le cortège d'un pas éreinté, balançant au bout de son bras l'appareil. À chaque halte, il le dressait vivement sur le trépied de ses béquilles. Et toujours, même au plus fort de ses crises d'orgueil, la vision de ce drap noir suggérait à Pépion le même sentiment de tristesse et de vague appréhension.

V

Dans l'enceinte de la vieille halle, dont les murs étaient tendus de draps, de vastes draps des Fêtes-Dieu piquetés de touffes fleuries, les convives souscripteurs — ils étaient cent — venaient de s'asseoir à la table du banquet.

Au centre, le maire, M. Delbernat, présidait, ayant à sa droite l'adjoint et à sa gauche le juge de paix. En face, sur une chaise plus élevée que les autres et semblable à un trône d'enfant, Arsène Pépion siégeait, radieux, retranché derrière des fortifications de fleurs. Il s'inclinait sous les regards et les sourires qui allaient vers lui, l'enveloppaient de caressants effluves, le magnétisaient. Les fronts se courbèrent sur les assiettes d'où montait, appétissante, la fumée des tapiocas.

Puis, les conversations éclatèrent, surchauffées par les vins. On racontait de singulières histoires, des traits de force accomplis par des vieillards herculéens, des enfants prodiges ou des athlètes de profession. Le capitaine Napias versait au centenaire de fortes rasades que celui-ci absorbait et qui faisaient passer sur son visage des lueurs foncées. Son rêve s'enflammait dans la griserie de cette apothéose. Partout, ses yeux s'arrêtaient sur des cartouches détachant en lettres d'or : *Honneur à la vieillesse ! — Centenaire d'Arsène Pépion !*

— Quelle belle journée ! Quel enthousiasme ! murmurait-il à l'oreille du capitaine ; c'est du délire ! La popularité vient à moi. Que penseriez-vous de ma candidature aux élections sénatoriales ?

Napias déclara :

— Vous serez sénateur.

Pépion se vit au Luxembourg, discutant les questions de vicinalité qu'il connaissait à merveille, investi de la puissance législative, inviolable, père conscrit !... Des vapeurs rouges lui montèrent au cerveau. Un bandeau de plomb lui garrotta les tempes. Il passait fébrilement sa main sur son front où luisaient des sueurs. Bientôt, son regard trouble ne distingua autour de lui que des silhouettes dansantes dans des morceaux de nuage et ses oreilles se mirent à mugir comme les coquillages de la mer.

Le maire s'était levé. Le bras replié, fixant le verre à la hauteur de l'œil, il parlait, le corps balancé dans un calme roulis. Le centenaire n'entendait que des mots lancés à pleine voix : « Existence honorable !... éminent compatriote... vénérable ami... » Et son nom, Arsène Pépion, Pépion tout court comme les noms des grands hommes !

Lorsque le maire eut fini, dans le tonnerre des applaudissements, le vieillard se secoua, paraissant s'éveiller d'une pesante léthargie. Il voulait répondre au toast de Delbernat. Ses mains tâtonnèrent, cherchant le verre. Il se souleva. Mais, tout à coup, ses yeux s'ouvrirent dans un regard d'épouvante, démesuré ; ses doigts tremblèrent, lâchant le verre qui roula sur la table, éclaboussant les plats, et il retomba.

Une soudaine émotion dressa les convives. Tous, d'un mouvement unanime, s'élancèrent au secours de Pépion. On l'interrogeait. On le palpait. On lui appliquait sur le visage des linges imbibés. Le médecin fendit les groupes. Il se pencha, et, après un court examen, laissa tomber : « Apoplexie. »

Alors se fit un grand silence et l'on put entendre la voix de l'agonisant enflée par l'effort d'une suprême confession :

— « Je vous ai trompés... coupable... pardon ! je n'ai que quatre-vingt-seize ans. »

Ces paroles prononcées, Pépion mourut. La stupeur tint, un moment, les bouches closes. Mais, presque aussitôt, une clameur d'indignation souleva toutes les poitrines. — « Canaille ! voleur ! imposteur ! » Les cris, les injures, les menaces bondirent de toutes parts, s'entre-croisèrent, éclatèrent dans un effroyable vacarme autour du mutisme rigide et solennel du défunt. Des poings frémissaient devant ses yeux au regard figé. On le secouait. On lui criait « Rendez l'argent de la souscription !... »

Et, lorsque enfin la foule reconnaissant l'impuissance de sa colère consentit à évacuer la salle, il ne resta plus qu'un

convive en face de Pépion, — un seul convive, le
photographe qui, avant de s'ensevelir, pour une épreuve
finale, sous le drap noir de l'appareil, articulait, d'une
forte voix, de commandement :

— « Attention !... Ne bougeons plus. »

LE LOUIS D'OR

ou LA DISSIPATION ET SES FRUITS AMERS

I

Au moment d'entrer dans ce café de nuit, lieu de réunion de la galanterie moyenne, Aristide forma la résolution de n'en pas sortir seul. Il décida d'élire, parmi la clientèle de l'établissement, une femme ayant toutes les apparences de la jeunesse, jolie, élégante, spirituelle, — si ce n'était trop exiger, — un idéal de plaisir et d'amour auquel il ne marchanderait pas le prix de ses faveurs. Cette réflexion commerciale mêlée à l'impétuosité de ses désirs fit qu'il tâta ses poches. Il lui restait trente francs et soixante centimes. Il jugea que c'était suffisant.

La veille, un dimanche, Aristide avait gagné cent francs aux courses. Aussitôt, il organisa le programme d'une journée de fête qui le dédommageât largement des mortelles séances du bureau. Dès le matin, un commissionnaire remit à l'un des garçons de la Compagnie d'Orléans une lettre par laquelle l'employé exprimait à son chef que des affaires de famille très pressantes l'obligeaient à s'absenter et prenait thème de cette circonstance pour protester de son zèle et de son attachement à l'administration.

Ce billet fit sourire le chef, M. Furster.

— Sacré blagueur ! murmura-t-il.

Et comme le commissionnaire souriait aussi, pris de respect, M. Furster se retourna vers lui :

66

— Passe pour aujourd'hui, déclara-t-il. Mais vous lui direz que s'il ne vient pas au bureau, demain, j'adresse immédiatement un rapport... à qui de droit.

Aristide flâna toute la matinée, fit des emplettes de menus bijoux, épingles et bagues en argent, de cravates et de parfums, loua un fauteuil pour le soir, aux Variétés, dégusta de nombreux apéritifs à la terrasse de divers cafés et se rendit enfin, vers midi, dans un restaurant du boulevard. Il mangea mal, longuement et vainement essaya de ranimer, par des plats compliqués et des vins excitants, un appétit dont les apéritifs avaient arrêté l'essor. Tandis qu'il fumait un mauvais cigare, une irrésistible envie de voir la campagne s'empara de lui. A Saint-Germain, où il s'était transporté, la pluie qui se mit à tomber, le contraignit, après deux heures d'attente, à reprendre le train. Son dîner fut aussi détestable qu'avait été le déjeuner et le spectacle, changé au dernier moment par le caprice d'une vedette, l'ennuya si fort qu'à la fin du deuxième acte, il s'en alla. Aussi se promettait-il, après tous ces fâcheux événements, une joie parfaite et que, cette fois, nulle désillusion ne viendrait altérer.

II

Il était de bonne heure. Maîtres d'hôtel et garçons erraient dans les salles à peu près vides. Aristide aperçut dans un angle, deux gros hommes causant à voix basse et qui lui parurent devoir être des négociants. Ils buvaient sans doute de la chartreuse et le verre à liqueur qu'ils portaient aux lèvres paraissait, dans leurs mains énormes, ridiculement petit.

En face de la table à laquelle il venait de s'asseoir, il

remarqua une femme à visage très pâle, assez joli, les yeux éclatant de fièvre, les cheveux arrangés avec une recherche de « comme il faut » sous la visière d'un chapeau de feutre orné sobrement. Elle aspirait, à l'aide d'une paille, une boisson rose et, tout en buvant, relevait vers Aristide un regard fait d'espoir et d'anxiété. — « Je n'en pourrai rencontrer de plus charmante, » pensa-t-il, et, dès qu'il eut pris place à côté d'elle, cette jeune femme parla.

Elle se plaignit d'abord de la chaleur qu'il faisait et compara cette température torride à la fraîcheur des bois. Elle critiqua la composition habituelle du café, les manières hautaines des maîtres d'hôtel, les familiarités offensantes des garçons ; puis, se faisant plus intime, en vint à conter les accidents principaux de sa vie.

Il apprit qu'elle s'appelait Ida. Elle voulut taire son autre nom. Elle était de Guingamp, issue d'une digne famille, — son père, affirmait-elle, ayant occupé longtemps le poste de commis principal au greffe de l'endroit. Un voyageur de commerce, d'une merveilleuse beauté, l'avait perdue. Mais quelle revanche sur cet amour malheureux ! Des hommes s'étaient tués pour elle. — « Oui, telle que vous me voyez, tué pour moi, pendu dans mon cabinet de toilette, un caissier, père de quatre enfants ! Il avait commis des faux ! Un duc s'était fait interdire ! » Ses yeux brillaient d'orgueil. Ensuite, elle conta que son chien était mort le matin même. Elle l'aimait comme un fils ! Et elle affirma sa croyance à l'immortalité de l'âme, même chez les animaux, jurant que si une fausse honte ne la retenait, elle ferait dire quelques messes pour le repos de ce danois.

Aristide se sentait enivré par la vue de ce joli visage, par cette conversation facile et abondante, et le rêve d'un amour possible caressait son imagination. Elle voulut manger des sandwiches au foie gras. Elle arrosa ce léger repas d'un verre de porto et elle demanda, d'une voix tendre, avec des regards qui exprimaient l'impatience et promettaient toutes les joies : « Partons-nous ?... »

III

Dès leur entrée dans le salon d'un minuscule entresol, rue de Copenhague, la lampe vite allumée, Ida s'approcha d'Aristide et, passionnément :

— Allez-vous me faire bien riche, ce soir ?

Cette question attrista le jeune homme par sa précocité. Néanmoins il sourit et tirant de sa poche le louis qui lui restait, il l'enferma, comme un précieux cadeau, dans la petite main gentiment tendue vers lui. Ses relations étant des moins exigeantes, il tenait cette somme pour une princière rémunération.

— Et d'un ! dit en riant la jeune Ida et, de nouveau, la petite main se tendit.

Aristide s'alarma.

— Comment !... balbutia-t-il.

— Vous m'en devez encore deux.

— Encore deux ! s'écria-t-il. Mais je ne les ai pas !

Câline, laissant toutefois percer un peu d'inquiétude :

— Vous faites la bête ! Dépêchez-vous. Aristide déclara :

— Je jure que je n'ai plus rien !

Il y avait, dans ce serment, un tel accent de vérité, que le doute n'était plus possible. Alors, Ida s'emporta jusqu'aux dernières fureurs. Elle jeta au jeune homme les plus sanglantes injures, l'accabla des plus humiliants reproches, poussa des cris déchirants, se débattit en d'effrayantes convulsions, répétant que « c'était la première fois que pareil affront lui arrivait ! » Puis, ces premiers transports apaisés, elle devint grave tout à coup et, ouvrant la porte devant Aristide pressé de s'esquiver, elle laissa tomber :

— Quand on n'a pas de quoi « récompenser » les femmes, on travaille, si on est un honnête homme ! On gagne de l'argent pour pouvoir le leur donner !

INTOLÉRANCE

D'UNE VIEILLE DAME

OU LE JOUG DE LA DÉVOTION

I

Celle qu'on appelait « La Veuve », uniquement à cause du deuil sévère dont elle était vêtue, s'installa dans une maisonnette adossée à la montagne dite le Pech de la Ville, dès l'entrée du bourg de Mazoulès. Ce logis appartenait au garde champêtre qui l'avait construit, lui-même, et consolidé par de véritables travaux de forteresse, après avoir soutenu, durant cinq années, une lutte de Sisyphe contre les éboulements de la terre et du roc.

Elle s'était casée là, sans tapage, sans offrir à la curiosité villageoise le moindre renseignement sur sa personne ni sur les motifs qui l'avaient déterminée à fixer sa vie dans cette masure insalubre et abandonnée. Elle menait une existence vouée, tout entière, aux pratiques religieuses et aux soins qu'exigeait la direction d'un troupeau de brebis. Chaque jour, elle conduisait ces animaux brouter l'herbe des talus qui bordaient la grand'route et, pour les mieux surveiller, elle s'asseyait sur un tertre que dominait un calvaire au bois vermoulu, planté, dans cet endroit, en souvenir d'une Mission.

La veuve n'était ni jeune ni belle. Peut-être la souffrance l'avait-elle vieillie, car elle portait, sur son visage, ce sourire ineffaçable qui est, pour quelques âmes, l'expression de la douleur acceptée. Les bandeaux, aplatis sur ses tempes, cerclaient, d'un liseré d'argent, le foulard noir enserrant sa tête, et, sous cette coiffure de sœur converse, la figure apparaissait hâlée par le soleil, hachée menu par un infini réseau de rides qui faisaient sa peau blette comme celle d'un fruit trop mûr.

Sur ce tertre de la Mission, elle passait les longues heures de l'après-midi, fixant l'espace de ses yeux sans regard, rappelant ses brebis lorsqu'elles s'égaraient dans une propriété voisine, ou, le troupeau s'étant rapproché, caressant, d'une main maternelle la toison d'un agneau. Indifférente aux rares incidents de la route, jardinières chargées de paysans et de bétail, emportées, dans des cahots convulsifs, vers un marché lointain, journaliers bottés de terre s'en allant aux champs, prêtres hâtant le pas et se rendant à la conférence du canton, elle travaillait avec une incomparable assiduité, confectionnait des ouvrages de paille et son silence ne s'animait que par le fredonnement très doux de quelque cantique de Noël.

[Le Pech de la Ville... de nombreux endroits s'intitulent "le Pech" de quelque chose ou même simplement "le Pech" ; il s'agit d'un sommet, arrondi, peuplé de quelques maisons en pierres. FAQ]

II

Le soir venu, à l'Angelus, elle entrait dans l'église, hantée par les dévotes de la paroisse et, jusqu'à la fermeture des portes, elle restait prosternée, en prières, toujours à la même place, sous ce tableau du Chemin de la Croix, qui représentait l'intervention de Simon le Cyrénéen.

Cette attitude de piété si fervente fut bientôt remarquée par une des plus saintes femmes de Mazoulès, Nanette Cardit.

Présidente du Rosaire, bienfaitrice de l'église, favorisée, disait-on, par des visions miraculeuses, Nanette Cardit s'imposait, depuis de longues années, à l'édification de tous.

Elle était veuve d'un sacristain qui fut foudroyé en sonnant le tocsin par une nuit d'orage. Nanette considéra cette mort comme une punition du ciel, car son mari affichait une insupportable vanité de chantre, jurant, en toutes occasions, que lui seul, à cinq paroisses à la ronde, possédait les vraies traditions du plain-chant. Aussi, depuis cette mort tragique, la vieille dame redoubla-t-elle de ferveur en ses oraisons.

III

Ce fut elle qui fit à la veuve les premières avances. Leur amitié débuta par l'échange de menus services, de prévenances et d'attentions. Puis leur intimité s'établit, expansive de la part de Nanette, réservée encore chez l'étrangère qui s'obstinait à ne rien révéler sur ses origines et son passé.

Elle s'absentait à d'assez fréquentes époques et lorsque, à son retour de ces voyages, la dévote l'interrogeait, elle répondait que ces absences avaient trait à des pèlerinages qu'elle effectuait pour se conformer à l'exigence d'un vœu.

Un soir pourtant, elle parut à Nanette rayonnante d'une joie inusitée. Elle rentrait de voyage et se rendait à l'église, tandis que se faisaient entendre les premiers sons de cloche annonçant l'office du mois de Marie. Les femmes arrivaient par groupes caquetants et s'arrêtaient

73

sur la petite place que des gamins faisaient retentir de clameurs.

— Que vous est-il arrivé, ma chère, que vous avez l'air si heureux ? demanda la dévote, en entraînant son amie sous l'ombre d'un acacia.

— Pour sûr que je suis heureuse I déclara la veuve. Je vais vous conter...

IV

Elle raconta qu'elle s'était mariée à un homme très jeune et très beau qu'elle aimait de toute son âme et de tout son corps. Cet homme l'avait délaissée pour une rivale, dès les premiers temps de leur mariage, alors qu'elle commençait à croire à la possibilité du bonheur. Elle avait beaucoup souffert, mais l'amour la tenait d'une telle étreinte qu'elle s'était soumise au partage, ne pouvant se résigner à la séparation. Elle s'était faite la domestique des deux amants qui ne surent pas reconnaître ce beau sacrifice et s'irritèrent de sa présence au point de la chasser.

C'est alors qu'elle vint s'installer à Mazoulès. Ses absences étaient motivées par ses visites au couple adultère qu'elle entretenait de ses économies, vivant de rien pour qu'ils fussent heureux et qu'elle pût gagner de quoi passer quelques jours auprès de ceux dont elle payait ainsi la dure hospitalité.

Et voici qu'un événement survenait tout à coup, qui restituait à la veuve une félicité si cruellement interrompue. La maîtresse venait de mourir et l'infidèle déclarait que les circonstances actuelles lui faisaient un devoir de reprendre la vie d'autrefois.

Ainsi donc, il allait revenir, le cher homme !...

Nanette Gardit interrompit, d'un geste, le récit de la veuve. Elle avait exprimé, d'abord, l'étonnement le plus vif. Mais, à mesure que son amie avançait dans le récit, sa physionomie témoignait de la moquerie, de l'indignation, de la colère même, attestant qu'elle ne pouvait comprendre l'admirable absolu d'une telle abnégation.

Et, pinçant les lèvres, elle prit congé, disant à l'étrangère stupéfaite :

— Madame, à partir de ce jour, je ne vous connais plus.

MÉSAVENTURE D'UN MARI

QUI, PAR SA JUSTE COLÈRE

SE FIT L'ARTISAN DE SON MALHEUR

I

— Ouvrez cette porte !...

— Non, monsieur... Je suis ici chez moi...

— Ou-vrez-cette-por-te !...

— Non, monsieur...

— Ah ! vous refusez...

Jacques Lemur fonça, de profil et l'épaule basse, contre le mince rectangle de bois. Ce fut fracassant. Les planches se fendirent et crièrent comme de douleur, la serrure éclata et la porte désemparée gifla Royer Gollard, dont le cadre oscilla sous le vent de cet outrage inattendu. Sans écouter les protestations de la propriétaire de « l'hôtel pyrénéen », où il était venu surprendre sa femme en flagrant délit d'adultère, sans écouter les clameurs : « A l'aide !... A la garde !... la police !... » culbutant les garçons surgis de l'ombre des couloirs, Jacques se ruait sur un homme grand et fort, d'aspect sévère et qui, debout, en bras de chemise, s'abandonnait, résolument, aux assauts du mari furibond.

Fou de rage, celui-ci s'exaspérait à d'inutiles attaques, à des apostrophes et des invectives qu'enflait la puissance de son indignation et de sa douleur : « Misérable ! Toi !...

Toi, Frédéric !... Toi que j'aimais comme un frère ! Tu me réservais cette abominable trahison ! Malheureux !... J'ai voulu venir sans armes !... Je t'aurais tué !... Je le regrette à présent !... Mais tu ne m'échapperas pas, Frédéric !... Je...

Le bloc s'anima doucement. Il laissa couler le long d'une barbe ondulante et grise, ces paroles :

— La colère vous égare, monsieur. Vous vous trompez. Je ne suis pas Frédéric...

— Tu n'es pas ?... Vous n'êtes ?... c'est vrai !...

Se haussant pour examiner le visage de l'homme, il eut la stupeur de se trouver face à face avec un inconnu. Le soulagement éprouvé à la constatation de cette erreur fut tel, qu'un instant, la réalité de son malheur s'échappa de son esprit et qu'il faillit offrir ces excuses que nous prodiguons, au théâtre ou dans la foule, à ces voisins dont nos distractions écrasent les orteils. Il lui fallut, pour recouvrer l'exacte notion du présent, reconnaître, dans la presque nuit de la chambre, la silhouette épouvantée de sa femme courbée sur une chaise, s'acharnant à boutonner ses bottines et, claquant des dents, et gémissant d'une voix d'enfant en détresse : « Je ne peux pas !... Je ne peux pas !... »
Il marcha vers elle, poings levés.

— Malheureuse !...

Mais il ne put exécuter sa menace. Ses bras empoignés par l'homme, jusqu'à ce moment impassible à l'égal de la statue du Commandeur, furent maintenus dressés vers le plafond et rigides, pareils à deux brancards, tandis que, renonçant à boutonner ses chaussures, la jeune femme, prestement, disparaissait. Alors l'homme lâcha sa victime et lui dit :

— Je suis, monsieur, à votre entière disposition...

— A ma disposition ! s'écria Jacques hors de lui. Il ne manquerait plus que vous ne fussiez pas à ma disposition ! Parce que vous n'êtes pas Frédéric, vous croyez peut-être...

— Je ne suis pas Frédéric. Je me nomme Alfred, mais je n'en reconnais pas moins la gravité de mes torts...

— Assez, monsieur ! Taisez-vous !... Je vous ordonne de vous taire ! Vous êtes un voleur d'honneur ! Un misérable ! Un lâche ! Oui, le dernier des lâches !...

Alfred profita du répit que lui accordait cette bordée d'injures prévues, et ayant revêtu sa redingote, il écouta les dernières invectives dans une attitude parlementaire, la main droite mi-glissée sous le parement du gilet.

— Votre sang-froid est un nouvel outrage ! C'est de l'impudence ! Du cynisme !...

— Me fâcher serait presque aussi ridicule qu'odieux, observa Alfred. Vous seul avez le droit de vous fâcher. Mais s'il vous plaisait de causer un instant avec moi...

— Ah ! pour le coup, c'est trop fort ! s'exclama Jacques en éclatant d'un rire affreusement amer.

Puis, tout à coup, s'emparant d'une chaise, la soulevant et la clouant des quatre pieds sur le plancher, dans l'éclat d'un atroce blasphème :

— Eh bien... j'y consens ! Causons. Je serais curieux de connaître ce que vous pouvez bien avoir à me dire...

Alfred contraignit le mari à s'asseoir dans le fauteuil, et il fit signe à l'hôtelière qu'elle pouvait se retirer. Celle-ci charmée du calme qui venait de s'établir, proposa : « Si ces messieurs voulaient de la bière... » Mais ils répondirent par un même geste de refus.

II

Jacques stipula :

— Je vous préviens, monsieur, que je suis aux extrêmes limites de la patience, et j'espère que vous serez bref.

— Oh ! très bref. Je tiens à justifier ma conduite, à vous dire que si je suis devenu, — disons le mot, — l'amant de votre femme, je n'ai eu d'autre but que d'acquitter une dette de reconnaissance envers la mémoire de votre vénéré père, envers vous-même...

— Mais vous êtes fou ! je ne vous connais pas ! s'écria Jacques subitement effrayé.

— Daignez m'écouter, poursuivit Alfred. Votre père, qui était banquier, a fait ma fortune en m'associant, quelque temps, à ses spéculations. Dès lors, je vouai à tous les vôtres un véritable culte de gratitude et je cherchai longtemps, par quel moyen discret, ma reconnaissance pourrait parvenir jusqu'à vous. J'appris, monsieur, que le caractère fantasque de votre femme vous rendait la vie insupportable. Vous l'aimiez. Vous ne pouviez vous résoudre à une séparation. Que faire ? Je résolus d'étudier, de près, cette nature irascible et de la discipliner, si c'était possible, afin de rendre à votre existence la sérénité qui lui manquait. Je n'ai pu arriver à ce résultat qu'en devenant l'amant de celle qu'il m'eût été plus doux de respecter.

— Brisons là, prononça Jacques, interrompant, du geste, le narrateur. Je ne sais vraiment si j'ai affaire...

— A un homme fort raisonnable, déclara tranquillement Alfred ; Je me résume. Répondez-moi, monsieur, en toute sincérité. Vous avez été malheureux jusqu'au désespoir pendant les trois premières années de votre mariage ?

Après une courte hésitation, Jacques répondit :

— Cela est vrai.

Alfred interrogea de nouveau :

— Etiez-vous parfaitement heureux depuis six ans ?

— Parfaitement heureux.

— Et savez-vous le secret de cette véritable félicité ? C'est que votre femme trouvait, auprès de moi, cet amour toujours actif que vos occupations ne vous permettaient pas de lui accorder. Une lettre anonyme a ruiné cette belle existence. Que ferez-vous sans moi ? Vous êtes faible. Vous ne vous résoudrez pas au divorce. Quant à moi, après ce qui vient de se passer, le souci de votre honneur m'interdit de vous servir plus longtemps. Levant les bras, Alfred ajouta : — Malheureux, qui n'avez pas compris que c'est dans l'ignorance que réside tout le bonheur !

Il salua et sortit, laissant Jacques, immobile, tête basse, se disant qu'en effet, sans doute il venait d'accomplir le malheur de sa vie.

[L'âge de l'ignorance... puis l'âge où l'ignorance vaut mieux... *Malheureux, qui n'avez pas compris que c'est dans l'ignorance que réside tout le bonheur !*... Puis l'ignorance de la réalité humaine... et la mort... Vous ne préférez pas savoir pour vivre ce qu'il est possible de vivre ? FAQ]

POÈTE !...

I

Les lettres de femmes affluaient chez Prosper Lambret, et le courrier de l'élégant et illustre poète en était parfumé si fort que le concierge attribuait à la correspondance de son locataire les migraines chroniques dont il souffrait.

Ecrites sur des papiers aux tissus, aux formats, aux teintes variés à l'infini, ces missives accouraient de toutes les contrées. Les devises abondaient. Peu d'entre elles trahissaient, en leurs auteurs, une manière très personnelle de penser ou d'imaginer.

Les « quand même ! », les « for ever ! », les « à quoi bon ? », les « excelsior ! », les « après ? » se pressaient, innombrables. Il y avait quelques : « je meurs où je m'attache » et un « jamais plus ! » sur cachet de deuil qui, sans avoir manqué une seule fois en dix ans, arrivait de Montélimar tous les dimanches, à deux heures de l'après-midi.

Aux premières lettres, le poète s'était senti devenir fou d'orgueil. Mais une mésaventure survenue en plein triomphe le refroidit. La double déception que lui causèrent deux dames dont il recevait des pages signées « Pervenche » et « Verveine », et qui lui apparurent, au jour du rendez-vous, affreusement laides et vieilles, le rendirent, à l'égard des correspondances féminines, plein de méfiance et de ressentiment.

Il ne pouvait pardonner aux innocentes l'horreur d'une telle désillusion. Il abhorrait toutes ces « inconnues »,

82

toutes ces « sœurs » lointaines, toutes ces « âmes en exil ». Ah ! si les « cœurs brisés » du Languedoc, de la Saintonge, de la Bresse, du Grésivaudan, du Gâtinais, du Perche, enfin des coins les plus reculés de nos provinces eussent pu entendre les monologues que proférait contre eux, dans la solitude de son cabinet de travail, leur consolateur ordinaire, ils auraient à jamais perdu l'envie d'implorer, de ce guérisseur, leur réconfort habituel !

— Ah ! les raseuses ! les bas-bleus ! les toquées ! les vieilles folles !... grondait-il, en se livrant, chaque matin, à de véritables crises de fureur.

Il fallait leur répondre à toutes ! Le souci de la vente l'exigeait. Aussi, depuis vingt ans, le poète grinçant des dents, et l'écume aux lèvres, prodiguait-il aux « incomprises » des départements, — les Parisiennes écrivaient peu, — ses plus tendres consolations.

[*Il fallait leur répondre à toutes ! Le souci de la vente l'exigeait.* Et il ne pouvait imaginer les facilités d'interpeler par mails... FAQ.]

II

Une lettre nouvelle-venue lui parut cependant tout à fait remarquable au milieu du fatras accoutumé. Elle était datée de l'île de Candie. Celle qui l'avait écrite exprimait son admiration en toute simplicité, avec une émotion sincère qu'elle n'essayait pas de contenir. Ces quatre pages, singulièrement ardentes, révélaient une imagination d'artiste, une suprême distinction d'intelligence et de cœur, un esprit délicat et charmant.

Après s'être excusée de sa hardiesse en invoquant l'indépendance d'une éducation cosmopolite, l'auteur se faisait connaître, signait Augusta Holldogg et se désignait comme la fille unique du baron Frantz Holldogg, le richissime banquier viennois, très répandu dans une partie de la société parisienne que Prosper Lambret fréquentait.

Le poète rêva. Quelle apothéose lui préparait un tel mariage ! L'enthousiasme de cette jeune fille ne pouvait être, en effet, que l'expression inconsciente ou l'aveu très habilement formulé d'un sentiment qui s'adressait autant à l'homme qu'à l'écrivain, et les confondait, tous deux, en un même attachement passionné. Lambret ne douta pas. Il était aimé, avec quelle fureur !

Sans retard, le poète songea aux moyens les plus pratiques et aux influences les plus utiles à mettre en jeu. Les Laurent-Benoist se trouvaient être liés, par relations d'affaires et d'amitié, avec la maison Holldogg de Vienne, et Lambret se souvint d'avoir vu, un soir, dans les salons de l'agent de change, le baron, un homme gros et court, au teint rose, aux favoris blanc de neige, affecté d'un fort accent allemand.

Depuis bien près de dix ans, Prosper était l'amant de Mme Laurent-Benoist. Il n'était pourtant plus amant que de nom, car il ne survivait maintenant, de part et d'autre, qu'une reconnaissante amitié.

Plus âgée que Lambret, c'était elle-même qui avait voulu transformer son amour en une affection maternelle, dès qu'elle eut vu le déclin de sa beauté dans les yeux de celui qu'elle aimait. Elle avait fait la gloire du poète, avait embelli toute sa jeunesse. Elle voulait bien, à présent, lui donner ce bonheur définitif qu'il ambitionnait, et ce fut de grand cœur qu'elle applaudit à l'idée de ce mariage avec sa jeune amie Augusta Holldogg.

III

Une correspondance régulière s'établit entre Prosper Lambret et la fille du baron viennois. Augusta découvrait, chaque jour, un aspect nouveau d'elle-même. Ses idées sur la vie étaient d'une élévation nullement pédante et elle les exprimait avec une élégante clarté. Elle savait donner aux choses extérieures qu'elle décrivait leur couleur propre et toute l'intensité de leur relief. Mais c'est dans l'expression des sentiments les plus fins et des sensations les plus subtiles qu'elle excellait.

Prosper était heureux. Deux graves préoccupations altéraient néanmoins son bonheur. D'abord Augusta lui semblait terriblement nomade. Ensuite il s'effrayait des élans mystiques de la jeune fille, élans qui parfois atteignaient jusqu'à une inquiétante exaltation.

IV

En rentrant dans le salon des Laurent-Benoist, Lambret eut un regard circulaire enveloppant tous les invités. Il avait été prié par ce mot : « Venez ce soir. Je vous ferai dîner près d'Augusta. »

— Le baron est en retard, remarqua Laurent-Benoist.

Presque aussitôt, un domestique entra et remit deux lettres à Mme Benoist qui glissa l'une d'elles dans la main de Prosper.

— Le baron s'excuse, dit-elle. Il est obligé de partir pour Vienne à l'instant.

Lambret avait lu, d'un coup d'œil, la carte de la jeune fille.

« Mon cher poète, on veut nous marier. A vous comme à moi, je veux épargner ce dénouement et je me sauve au plus vite pour éviter le sort ridicule dont on menace notre amitié. »

— Eh bien ? dit à voix basse Mme Laurent-Benoist en venant demander à Prosper son bras pour la conduire à la salle à manger.

— Eh bien ! répondit le poète, froissant le billet qu'il venait de recevoir, votre Augusta est simplement une petite grue. »

IMPATIENCE

D'UN COMMISSAIRE

ou CLÉMENCE INESPÉRÉE D'UN MARI

I

Que de fois Bonnaux avait absous sa femme, mentalement, même verbalement, bien que les trahisons de celles-ci l'exaspérassent par leur fréquence, la qualité trop souvent médiocre des complices et le cynisme de ses réponses, lorsqu'il exigeait des explications !

Bonnaux n'était cependant pas un mari de vieux vaudeville, le classique grotesque dont la jobardise a nourri tant de couplets désopilants. Il n'était pas davantage un mari de roman moderne, théoricien sceptique, intéressé ou désintéressé. Son indulgence s'inspirait d'une justice scrupuleuse, d'un sentiment de pitié, de crainte, enfin d'un attachement réel.

Veuf et déjà plus jeune, ayant dépassé la cinquantaine, il avait épousé une amie, presque une parente, veuve comme lui, moins âgée, car elle avouait vingt-huit ans et ne s'allégeait guère que de six hivers. Pourtant, elle aimait Bonnaux, cœur délicat et tendre, esprit cultivé, fort bel homme à l'aspect robuste et distingué, tenu en très haute estime dans le monde du sport. Mais elle aimait cet homme encore admirablement beau, d'une passion toute sensuelle, emportée jusqu'à la folie, et il était arrivé que cet emportement surpassait les prévisions de Bonnaux au point d'avoir déterminé chez lui une froideur insensible aux exhortations les plus pressantes, aux efforts les plus zélés.

De cette attitude, résulta tout de suite, entre eux, une incompatibilité physiologique dont les effets ne tardèrent pas à éclater. A bout d'excuses, le mari s'abîma dans un désespoir silencieux. La femme montra d'abord de la surprise, puis du désappointement, ensuite une ironie légère qui griffait en douceur, un badinage subtil et barbare, manoeuvrant les plus cruels instruments de torture du mépris féminin, et, tout à coup, la colère survint, avec les scènes outrageusement brutales, les reproches d'un goût détestable, les gémissements et les rires amers. Ce fut, dès lors, une haine furibonde, impatiente d'exécuter ses menaces avec ostentation.

Bonnaux, qui aimait, de toute son intelligence et de toute son âme, s'égarait en conjectures sur les causes d'une disgrâce qu'il ne savait expliquer. Des expériences lui prouvèrent que cette disgrâce se manifestait seulement au préjudice de Mme Bonnaux. Il consulta des spécialistes. Les conseils et les élixirs de ces commerçants furent sans résultat.

On comprend donc les raisons qui lui firent supporter quelque temps sans révolte, les frasques de sa femme. Mais, lorsque cette infidélité devint une inconduite presque publique, il résolut d'agir. Il voulut émettre de sages observations. Ces avis paternels furent accueillis par des sarcasmes si insultants qu'il dut avoir recours à des remontrances plus énergiques, à l'annonce d'un châtiment exemplaire, prochain.

Ni la bienveillance, ni la sévérité n'ayant pu réussir, il décida, au risque de ne pas survivre à cette épreuve suprême, — d'extirper de sa vie ce ridicule qui la flétrissait. Il fallait, pour cela, obtenir le divorce, après avoir fait surprendre Mme Bonnaux en flagrant délit. C'était d'une extrême facilité.

II

Il se rendit, un après-midi, en compagnie du commissaire de police, à l'hôtel meublé où sa femme avait coutume de venir passer, chaque jour, quelques heures, avec son nouvel amant, jeune comptable d'un brillant avenir.

Durant le trajet, le magistrat, qui connaissait Bonnaux depuis longtemps et le tenait pour une des personnalités les plus marquantes de l'arrondissement, employait, à réconforter le malheureux mari, toutes les formules dont il pouvait se souvenir. Celui-ci remerciait : « Bien touché! Très sensible !... » et il regardait, par la vitre, défiler les arbres du boulevard Saint-Germain.

A l'angle de la rue de Rennes, ils mirent pied à terre. Comme guidés par la patronne, qu'avait rendue courtoise l'exhibition d'un bout d'écharpe, ils pénétraient dans les couloirs de l'hôtel de *la Plata et des Côtes-du-Nord*, le commissaire chuchota : « Soyez tranquille, monsieur Bonnaux, je serai bref. » Les formalités d'usage s'accomplirent. Il y eut dans la chambre un affreux émoi. L'amant, gracieux jeune homme aux cheveux rouges et frisés, au visage plein de noblesse, sauta hors du lit, se vêtit avec trouble et précipitation. Il était pâle, défaillant, exprimait, en toute sa tenue, le désir de mériter l'indulgente sympathie de celui qu'il avait offensé, plutôt que d'exalter l'admiration de sa maîtresse par de vaines bravades et des défis insolents. Il paraissait vouloir que, malgré tout, M. Bonnaux emportât de lui une opinion favorable et pût dire : « Quel charmant jeune homme ! » Et s'il ne le disait pas, que, du moins, il le pensât. Aussi s'efforçait-il de donner à sa physionomie l'expression d'un repentir sincère. Il fournit les renseignements utiles pour le procès-verbal et, par un excès de politesse dont le commissaire parut confondu, proposa tous les détails supplémentaires qui pourraient être agréables au mari. Bonnaux, dressé dans sa haute redingote, regardait, impassible en apparence, sa femme qui, restée couchée, remontait, par moments, la couverture jusqu'aux yeux, avec un geste de coquetterie pudique, comme elle eût fait d'un éventail, en écoutant des histoires très lancées.

— J'ai quelques mots à dire à madame, monsieur le commissaire. Pouvez-vous nous laisser seuls ?

— Mais... je ne devrais pas...

— Oh ! un seul instant ! Je vous ramène dans ma voiture.

— Je vous attends là, dans le couloir.

III

Dès que le magistrat eut fermé la porte, Bonnaux marcha vers la coupable.

— Ah ! malheureuse fem... !

Il n'eut pas le temps d'achever. Mme Bonnaux, assise au bord du lit, à peine voilée par d'indiscrètes dentelles, prononça d'une intonation incisive :

— Eh bien ! êtes-vous content de ce que vous avez fait de moi ?...

Stupéfait, il regardait. Que se passait-il en lui. Il oubliait l'audace révoltante du reproche que sa femme venait de proférer. Il oubliait les souffrances endurées, la honte qui l'accablait, le martyre qu'il lui avait fallu supporter là, devant des témoins amusés peut-être au spectacle de son « malheur ». Il oubliait tout. Était-ce un effet des circonstances, l'influence d'une atmosphère saturée d'amour ? Il éprouvait une émotion inconnue jusqu'alors dans l'intimité de sa vie conjugale. Il se sentait comme foudroyé d'un désir impérieux, irrésistible. Il tenta de se défendre, se raccrochant à la joie d'une bonne vengeance. Or, la coupable, avec une timidité contrite lui souriait, car elle avait deviné la cause de ces hésitations et de ce mutisme subit.

— Albert ! soupira-t-elle.

— Ah ! malheureuse fem... !

Il ouvrit ses bras et l'étreignit dans un indicible transport de tendresse et d'orgueil.

IV

Le commissaire s'impatientait. Il frappa légèrement à la porte de la chambre et demanda :

— Monsieur Bonnaux, êtes-vous prêt ?

Ne recevant pas de réponse, il frappa plus fort, et de nouveau :

— Monsieur Bonnaux, en avez-vous pour longtemps ?

Inquiet d'un silence qui menaçait de s'éterniser, il approcha un œil de la serrure, mais, presque aussitôt, il recula, laissant échapper un oh ! d'indignation. Puis il jeta contre la porte, d'une voix qui dut retentir rudement dans la chambre :

— Monsieur Bonnaux, je ne me dérangerai jamais plus pour vous ! Entendez-vous bien ! Jamais plus !

LE PORT DE LA BARBE

ou

L'INSONDABLE FÉMININ

I

On en était venu à disputer sur le sens esthétique des femmes, un soir, chez la comtesse de Myran. À peine commençait-on de s'échauffer, qu'un jeune homme, qu'on nommait M. Galdemar, dont la physionomie révélait une savante expérience de la vie, prit la parole et sollicita quelques instants d'attention :

— J'étais, nous dit-il, — voilà bien près de cinq ans — amoureux de... la baronne Edmée, amoureux à sentir, en certains moments, que je devenais fou. Plusieurs d'entre vous peuvent l'avoir connue. C'est pourquoi je la nomme ainsi, la baronne Edmée, tout court.

Nous nous étions trouvés placés côte à côte, à table, dans une maison amie où j'avais coutume de dîner, le dimanche, deux fois par mois, et c'est de cette rencontre que datait notre intimité. Cette aimable femme, Suédoise d'origine, très belle, très riche, très élégante, affichait dans toute sa vie la plus parfaite indépendance, un absolu dégagement des préjugés mondains.

Nous devînmes bientôt inséparables. J'inventais des distractions pour les après-midi. Quant à nos soirées, nous les passions au théâtre, à explorer les quartiers pittoresques ou, le plus souvent, dans ce petit salon vieux rose qui précédait sa chambre à coucher. Je restais là près

93

d'elle, assis sur un siège bas à ses genoux. Je lui lisais les poètes qu'elle aimait. Puis, je demeurais fort longtemps sans prononcer une parole, car je l'adorais en jeune homme timide et bêta.

Elle était d'ailleurs charmante et, sauf qu'après deux mois de cour, elle m'eut seulement autorisé à lui baiser la main, en tout le reste, elle me traitait à l'égal d'un amant. Je résolus de devenir plus démonstratif.

— Edmée, lui-dis-je au moment où elle me congédiait, selon l'habitude, à minuit, vous ne m'aimez pas, car si...

Elle ne me laissa pas achever, jeta sa main sur ma bouche et me prenant par les poignets :

— Je ne vous aime pas, moi ! s'écria cette Suédoise avec l'exaltation d'une Espagnole. Je ne vous aime pas ! Ah ! par exemple !... Mais vous voyez bien que je ne peux me passer de vous avoir près de moi... Et tenez, puisque vous ne me connaissez pas, il faut que je vous dise... savez-vous pourquoi... voulez-vous savoir pourquoi je vous aime ?...

— Oh oui ! soupirai-je.

— Je vous aime pour votre beauté physique...

— Ah madame !...

Je fis un mouvement pour me lever, ayant cru qu'elle se moquait de moi, mais elle était fort sérieuse. Elle ne comprit même pas mon cruel saisissement.

— Oui, reprit-elle, pour votre beauté physique. La beauté

physique, c'est l'essentiel !... Et puisque vous voulez une preuve de mon... attachement, laissez-moi vous demander une grâce, Paul, une grâce qui vous paraîtra, peut-être, chose bien frivole, mais à laquelle je tiens beaucoup...

— Parlez vite, Edmée, vous savez...

— Eh bien, faites couper votre barbe. La barbe ne vous va pas. Elle vous donne trop l'air d'un homme du monde. Vous m'entendez bien, Paul, dans le sens banal.

J'aurais dû me sentir investi d'un ridicule accablant. Je me sentis, au contraire, extraordinairement flatté.

— Vous serez obéie, dès demain, répondis-je.

— C'est cela ! s'écria-t-elle gaiement. Réalisez, pour moi, le type qui convient à votre physionomie, ou, si vous aimez mieux, le type que j'aime, et, — ajouta-t-elle avec l'expression d'un adorable embarras, — je ne vous dirai plus de partir quand sonnera minuit.

II

Le lendemain, je parus devant elle, le menton rasé, n'ayant plus qu'une longue moustache ondulante et retroussée par un coup de fer délicat.

— Eh bien ?

Elle me regarda, puis secoua la tête et me dit avec l'expression d'un vif désappointement :

— Vous ressemblez à un officier !

95

— Mais il me semble...

— Riez si vous voulez, reprit-elle. Traitez d'enfantillage le désir que je vous ai exprimé. Appelez-moi capricieuse, fantasque, folle même si cela vous fait plaisir...

— C'est que je ne sais pas...

— Cherchez !...

Ce ne peut être, pensai-je, un enfantillage. La haute intelligence d'Edmée la place au-dessus de si niaises frivolités. Ah ! dis-je, le cœur soudainement serré, m'y voici ! Mes traits lui rappellent, sans doute, ceux d'un amant, et elle veut que ma physionomie soit le portrait vivant de celui qu'elle aimait, qu'elle aime peut-être encore ! Je rejetai pourtant cette hypothèse et je préférai croire qu'Edmée voulait simplement accommoder à son goût — il faut bien le dire — cette beauté physique dont, jusqu'alors, je n'avais songé à tirer vanité, qui m'avait même été révélée en faisant sur l'âme et les sens de la baronne une si troublante impression.

Il n'y a pas cinquante manières d'arranger sa barbe, six à sept tout au plus ! Je finirai bien par découvrir celle qui lui plaît !

Cette pensée me consola. J'inclinai les pointes de mes moustaches à la façon des chefs gaulois. Ce fut sans succès. L'impériale que je laissai pousser n'eut pas un sort plus favorable. J'essayai du fer à cheval sans obtenir un résultat plus satisfaisant. Je songeais, avec terreur, qu'il ne me restait plus que deux ou trois expériences à faire, et je n'osais supposer, tant mon angoisse devenait douloureuse, que je pouvais être victime d'une mystification.

Je me fis tailler les favoris à l'autrichienne, courts et rejoignant la moustache. Je dus les transformer à la russe, ensuite à l'anglaise, n'ayant pas obtenu le triomphe que je m'obstinais à espérer.

— Sacrifiez votre moustache, me dit l'habile coiffeur à qui je confiais mon embarras. Ne gardez que les favoris, croyez-moi. Mettez-les en éventail. Coiffez-vous à la Capoul.

III

Lorsque, ainsi métamorphosé, j'ouvris la porte du petit salon, Edmée se dressa tout à coup, resta, quelques secondes, immobile, comme en extase, puis courut à moi, bras ouverts.

— Ah ! exhala-t-elle en un cri où elle mit toute l'ivresse de ses espérances réalisées. Tu es beau comme un domestique !

Et elle me couvrit de baisers.

[Le dimanche 27 juin 1897, dans "*le progrès illustré*", supplément littéraire du "*progrès de* Lyon" (huit pages : cinq centimes), était publié « LE PORT DE LA BARBE ou L'INSONDABLE FÉMININ. » Au même numéro "Valentine" de George Sand. FAQ]

FÉROCITÉ D'UN CHIEN DU MONT SAINT-BERNARD

Rue Lepic, deux enfants, Victor C... et Armandine F...,
jouaient sur le trottoir. Un chien de Terre-Neuve s'élança,
tout à coup, sur eux et mordit cruellement ces pauvres
petits. L'animal n'était pas enragé. — Faits divers.

[En 2014, dans le lot, les chiens restent une source
majeure d'insécurité pour les marcheurs... Certains
semblent considérer que leur chien errant est une
tradition... Le vieux Saint-Bernard n'est pas le plus
dangereux... FAQ]

Le vicomte Hector de Nucy rit énormément en entrant, de
fort bon matin, dans la chambre de sa jeune femme. Il
s'était fait précéder d'un chien colossal.

— Vous m'excusez ?... dit-il enfin. J'ai voulu vous le
présenter... N'est-ce pas qu'il est beau ? Nous avions
besoin d'un bon gardien pour Yielmur et, puisque nous
filons ce soir, je me suis décidé. Antoine, mon ancien
piqueur, vient de me le vendre. Pas cher ! Devinez. Mille ?
Jamais de la vie ! Je n'aurais pas fait une folie pareille !
Non. Cinq cents ! Une occasion ! La pure race du Mont
Saint-Bernard !... Tom !... Bien commun ce nom ! Il
faudra trouver mieux. Tom ! A bas ! Voulez-vous bien !
N'ayez pas peur, Germaine... Il n'est pas méchant. C'est
amical.

La petite madame de Nucy, une blonde, frêle et flexible,
n'avait pu retenir un « oh ! » d'épouvante. Après plusieurs
voltes exécutées au galop de chasse, Tom venait de
camper ses deux pattes sur les épaules de sa jeune

maîtresse qui, toute pâle, avait failli choir. Vite débarrassée, elle s'efforça de sourire et dit, d'une voix un peu grelottante :

— Il est charmant.

— Vous en avez peur, je crois bien ? Hector accompagna sa question d'un regard qui témoignait de la tendresse et de l'empressement. Germaine comprit-elle qu'au fond de cette sollicitude se dissimulait l'appréhension du sacrifice, une crainte vive qu'on le suppliât d'éloigner cette bête déclarée magnifique entre toutes et d'un inestimable prix ? Elle se montra rassurée. Même elle se récria gaiement :

— Vous vous trompez ! J'ai eu peur pour mes bibelots. Pas pour moi, bien sûr !...

S'adressant au chien :

— ... et puisque Tom doit nous garder à Vielmur, il est déjà mon ami.

Elle voulut risquer une tape affectueuse et ne fit qu'effleurer des ongles le dos de l'animal.

— Superbe I... reprit le vicomte qui, retroussant les lèvres de Tom, lui écartant les paupières, faisait apprécier à sa femme la blancheur et la solidité de la denture, ainsi que la fraîcheur limpide de l'œil.

— Dites-moi, poursuivit-il, si vous avez jamais vu un danois, un dogue, un épagneul, un lévrier russe, — je vous parle des races nobles, — dites-moi si vous avez vu n'importe quel spécimen posséder cette expression

100

d'intelligence, de force, de courage, de bonté ! Vous savez ce qu'ils font, les Saint-Bernard ?...

— Oui, répondit-elle la joue amoureusement blottie contre l'épaule d'Hector, oui, je me souviens. On nous le racontait aux toutes petites, au Sacré-cœur, et je pensais, dans mon lit, par les nuits de vilain temps, aux voyageurs égarés... N'est-ce pas, ils leur apportent des paniers de provisions ?...

Le vicomte spécifia :

— Les pères du couvent qui est perché tout là-haut, au sommet du Saint-Bernard, leur attachent, en cacolets, ces sacoches ou paniers de provisions, si vous aimez mieux. Ils leur suspendent une clochette au cou et les lâchent à la rage de l'ouragan. Ma chère, c'est admirable ! Ces braves animaux, s'élancent. Ils partent en chasse, guidés par leur flair. Ils grimpent les escarpements, dégringolent les précipices, explorent les ravins, fouillent les abîmes ! Ce sont les ambulanciers de la montagne ! Dès qu'ils découvrent un voyageur, ils s'approchent, le réchauffent de leur haleine, lui mettent presque en mains les réconfortants dont on les a chargés. J'ai lu, — par ma foi si je sais où, mais je suis sûr d'avoir lu — qu'ils avaient remorqué un moribond, l'avaient traîné, à travers les glaces et les neiges, jusque dans la cour du couvent !...

— C'est vraiment très beau ! s'écria la jeune femme gagnée par ce lyrisme. Alors Tom a porté des provisions, lui aussi ?

— Je crois que ça n'existe plus. Mais les ancêtres de Tom en étaient. Ça n'est pas douteux.

— Oh ! maintenant, déclara-t-elle, je l'aime de tout mon cœur.

Accroupi, les pattes de devant allongées droit, le chien avançait sa tête volumineuse, couronnée d'une perruque très frisée, blanche et tachée de fauve, une solennelle perruque de vieux roi soleil.

La férocité, la voracité, l'insatiable gloutonnerie qui, en dépit de la poésie menteuse des légendes, caractérisent cette race, s'aperçoivent dans toutes les attitudes de ces redoutables bêtes, dans leurs mouvements comme dans leur immobilité. Observez-les en quelque exposition canine, au Jardin d'Acclimatation ou aux Tuileries. Vous ne pourrez vous empêcher d'imaginer les égorgements consommés par ces carnassiers qu'encourageait l'innocente crédulité des moines, aux innombrables excursionnistes victimes de ces meutes sanguinaires envoyées au secours des voyageurs perdus,

— Et l'on parle des Terre-Neuve ! exclama le vicomte en rendant à sa femme une caresse que l'excès d'enthousiasme fit distraite au désespoir de celle-ci. Qu'est-ce qu'ils font les Terre-Neuve ? Ils se jettent à l'eau, non pas pour sauver ceux qui se noient, mais par instinct d'imitation, et comme ils ont la coutume de rapporter, ils rapportent aussi bien un homme qu'un caillou. Est-ce que c'est là du sauvetage !...

Germaine approuvait, en souriant à tout ce que lui disait son mari. Elle aimait, avec la passion la plus ardente et le dévouement le plus docile, ce gentilhomme ignare, grand chasseur et amateur de chiens, ivre d'orgueil à la pensée qu'il comptait, parmi ses aïeux, seize capitaines et douze lieutenants de louveterie. Il adorait pourtant cette délicate Parisienne, cueillie en un salon bourgeois tout naguère, et qu'il allait enfermer jalousement dans sa Tour de Vielmur. D'un baiser, dont la ferveur attestait le repentir de sa distraction précédente, il ferma les lèvres qui lui souriaient. Il attira Germaine et l'assit sur ses genoux.

A cet instant, le chien s'agita, se mit à tournoyer dans la chambre en poussant des aboiements furieux.

— Fais-le taire ! supplia la jeune femme, cachant, de frayeur, comme sous une aile, sa tête sous le bras d'Hector.

— Mais non ! Il est jeune. Il est gai. N'aie pas peur... Et puis, ne suis-je pas là ?...

Ces derniers mots furent une formule magique. Germaine réapparut toute radieuse, s'abandonnant à l'étreinte de son mari. Mais, tout à coup, elle eut un cri d'horrible détresse. Tom venait de bondir sur elle, plantait ses crocs dans la nuque, ensanglantant l'or volatil des cheveux, et le vicomte vit disparaître la jolie tête de sa femme en une gueule de caïman. Il se redressa, fou de douleur et de rage. Après une lutte qui les confondit, un instant, tous trois dans une mêlée sauvage, Hector put enfin soustraire Germaine à l'acharnement de son agresseur. Il l'emporta, demi-morte, tandis qu'un domestique, sonné en toute hâte, achevait l'animal à coups de revolver.

Mme de Nucy survécut à ses blessures et retrouva sa beauté. Nucy vendit ses chenils. Parmi les acquéreurs se trouvait Antoine, l'ancien propriétaire de Tom. Hector lui fit d'amers reproches après avoir conté la scène de carnage et voilé de périphrases les circonstances qui l'avaient provoquée. Mais le vieux flaireur de pistes, sut relever les sous-entendus. Aussi, s'écria-t-il :

— C'est du sauvetage, monsieur le vicomte ! Du beau sauvetage ! Tom a dû se figurer que monsieur le vicomte et madame la vicomtesse — sauf votre respect — se querellaient, et il aura sans doute pensé que son maître allait avoir le dessous.

Chien de lotois

QUOI DE NEUF ?

ou

LES DANGERS DE LA CURIOSITE

I

Par dégoût de la solitude, non par calcul, Denestèbe ne tarda pas à devenir le parasite des familles aisées d'Issudel et du pays environnant. Il était de naissance bourgeoise et avait poussé l'étude de la médecine jusqu'au grade de chirurgien. Son intelligence et son tempérament studieux lui eussent permis de s'élever au doctorat, mais le désir impérieux de rentrer au bourg natal avait dominé ses primitives ambitions.

Il fut apprécié tout de suite et rendit, au cours d'une maladie de scarlatine, de si distingués services que le docteur Cantagrel, appauvri par cette concurrence, se vît contraint d'abandonner la localité. « Denestèbe donne envie d'être malade ! » disait-on, pour définir l'excellence et le bon marché des soins que prodiguait à sa clientèle l'aimable chirurgien. Ce n'était pourtant pas dans un but politique qu'il avait ainsi réduit ses honoraires, mais par dévouement pour ses concitoyens.

Il chérissait l'existence calme du village comme d'autres aiment et recherchent l'agitation des cités. Il adorait ce vieux bourg massé en forteresse sur une falaise dominant la rivière, les plaines, et de niveau avec les lointaines collines qui festonnaient l'horizon. Les gabares hâlées sur les corniches riveraines au pas à pas des attelages de bœufs, les femmes agenouillées au long des berges tordant à bout de bras nus les trousseaux de linges mouillés, le goudron fumant, les pyramides de sables diamantés, le fil de l'eau coupé tout là-haut par le fil du câble balançant des brochettes d'hirondelles et, plus haut encore, l'église, le clocher surmonté du coq que visent les arbalètes volantes des martinets, tous ces spectacles qui lui étaient familiers depuis l'enfance, gardaient pour lui la même fraîcheur, lui faisaient éprouver les mêmes enchantements.

Il assimilait les êtres vivant sur ce sol à ces choses tant aimées et c'est ainsi qu'il se dévouait à ses compatriotes, acceptait, en retour, leur hospitalité sans que son Ame juste songeât, un seul instant, à la possibilité de leur paraître importun. Cependant, pour idolâtrer son pays, il n'en était pas moins ardemment curieux des événements du dehors. Il se passionnait pour la lecture des journaux, apprenait par cœur les nouvelles, depuis les grands faits politiques jusqu'aux plus humbles accidents. Il recueillait avec ardeur les rumeurs les plus légères, exténuait de questions les étrangers de passage, guettait l'arrivée des voyageurs à la diligence pour leur soutirer « du nouveau » et il donnait l'impression surprenante d'un homme universellement informé dans un endroit où il ne se passait rien.

C'était, cette curiosité insatiable, son seul défaut. Aussi se plaisait-on à le mystifier dans le groupe de notables qui, par toutes saisons, se réunissait sur la place d'Issudel, l'après-midi. Ils se rencontraient là, six messieurs calfeutrés de casquettes à fourrures, rehaussés de chapeaux noirs, ensoleillés de panamas, le cou rembourré de cache-nez floconnant sur la voûte de dos pensifs. On voyait de loin leurs gestes socratiques, le va-et-vient régulier de leurs jambes, leurs arrêts subits, les soubresauts de leurs fortes épaules, l'élévation de leurs regards vers le ciel et l'on devinait qu'il se livrait là de vigoureuses controverses, de véritables tournois d'arguments.

[Issudel ? A Puy l'Évêque, il existe "une paroisse" d'Issudel, ou Yssudel, avec une très belle église désertée où notre cher Dagrant posa des vitraux]

II

— Quoi de neuf ?

A cette question que, d'ordinaire, il formulait le premier, Denestèbe répondit, ce jour-là, gravement :

— Messieurs, du neuf très important, du neuf qui va vous surprendre !...

Il multipliait les pauses, selon l'usage des dilettanti de la nouvelle et ménageait ses effets pour mieux déguster l'étonnement de ses auditeurs. Il laissa tomber enfin :

— Je me marie...

Les visages s'épanouirent, toutes les mains se jetèrent au-devant des siennes, mais, avant qu'une parole de congratulation fût articulée, Denestèbe ajouta :

— J'épouse Mlle Henriette Bourniauls. Aussitôt les visages se rembrunirent, les mains se renfoncèrent dans les poches, les compliments se firent ironiques, attristés, évasifs. La réputation d'Henriette Bourniauls était en effet des plus compromises. On connaissait d'elle des escapades scandaleuses. On lui attribuait plusieurs amants

107

et la naïveté placide du chirurgien en contact avec cette nature exaltée effraya les notables d'Issudel en même temps qu'elle les affligea.

Leurs craintes et leur affliction furent bientôt justifiées. Dès les premiers jours de son mariage, Denestèbe s'aperçut que sa femme le trompait et qu'elle lui avait donné pour rival heureux un rustre exerçant le métier de charron. Quelques jours, il se crut fou de rage et de désespoir. Il voulut chasser Henriette et ne céda qu'à ses délirantes protestations de repentir. Puis voilà que, dans l'ouragan de colère et de désolation qui dévastait son cœur, un sentiment se dressait, imprévu, humiliant sa conscience, sa dignité de mari, offusquant sa délicatesse, mais impétueux, irrésistible, souverain... et c'était la curiosité !

Aussi se joua-t-il à lui-même une effroyable comédie et, lorsque furibond, brandissant devant sa femme un index justicier, il tonna : « Madame, je veux tout savoir ! » il n'était nullement furieux et exigeait, non pas un aveu, mais la satisfaction de cette curiosité devenue maintenant une passion. Et, lorsqu'il eut tout appris, il souffrit de ne pouvoir l'apprendre aux autres, car, soumis à la loi commune des maris trompés, il croyait, d'une foi invincible, qu'il était seul à savoir. Enfin, ne pouvant plus garder une nouvelle qui se défraîchissait en sa mémoire, il résolut d'en faire part à ses amis.

Il eut la consolation de les voir comme frappés de stupeur. Alors, il reporta sur sa femme, en curiosité, ce qu'elle repoussait de son affection. Il parvint à s'intéresser à ses désordres et il mit en œuvre les ruses les plus subtiles pour en être informé le premier.

Ces joies durèrent peu. Mme Denestèbe s'enfuit, un jour, en compagnie d'un jeune menuisier.

III

Au lendemain de cette disparition, le chirurgien sentit bien que l'amour égalait en lui la curiosité, car celle-ci ne pouvant plus se satisfaire, il ne lui restait que l'amertume du regret. Ce veuvage de Denestèbe dura dix ans. Il n'espérait plus revoir Henriette quand il reçut une lettre d'elle, s'adressant à « son bon cœur » et le suppliant de la reprendre dans sa maison.

Il était bien vieilli, tout tremblant d'émotion joyeuse, lorsqu'il se rendit sur la place ou la diligence qui lui ramenait l'infidèle devait s'arrêter. Tous les notables se trouvaient la, réunis. Denestèbe pleurait au moment où le cor de chasse du postillon sonnant « la mort du cerf » annonça l'entrée du véhicule dans Issudel. Henriette sauta lestement du marche-pied. À cet instant, l'émotion du chirurgien parvint à son comble. Comme sa passion résistait aux assauts de tous autres sentiments, ce fut une question qui s'échappa de ses lèvres, tandis qu'il étreignait sa femme, et, songeant peut-être aux innombrables aventures qu'elle avait courues, aux palpitants récits dont elle pourrait charmer leurs veillées futures, il lui demanda, d'une voix que l'impatience faisait haleter :

— Quoi de neuf ?...

À Yssudel, Saint Jean-Gabriel Perboyre, né à Montgesty en 1802, à 20 kms d'Albas.

UN FAIT-DIVERS

I

— Vous dites, monsieur le maire, que c'est seulement hier matin qu'on a pénétré dans la maison de Valadier ?

Le maire prit la parole et, en ce français paré de pataquès lyriques dont il usait avec une orgueilleuse aisance, fit l'exposé suivant.

— Ce n'est en effet, monsieur le juge, qu'au bout d'une quinzaine, si j'ose m'exprimer ainsi, que je me suis adressé à moi-même ces questions diverses : Où est-il ? Que fait-il ? Quel « ministère » se cache sous cette « invisibilité » ? La population de Mauroux éprouvait à l'égard de Valadier une sorte « d'animadversion ». On le considérait comme un être néfaste et comme un malfaiteur des plus « périlleux ». Aimant la vie nomade, il ne sortait guère du taudis qu'il s'était construit de ses mains. On croit qu'il possédait une fortune des plus « notoires »... oh ! positivement !... il a dû résider ici plus longtemps qu'on ne croit... car la chambre est « infestée »... Monsieur le juge, excusez-moi...

Le maire, très pâle, sortit et, nu-tête, se promenant à grands pas, aspira bruyamment de vastes bouffées d'air. À l'intérieur, le corps gisait, roulé en boule, si bizarrement disloqué qu'il semblait s'être ficelé, lui-même, avec ses propres muscles. Et quelle agonie cette posture révélait ! Les mains étaient rongées. Les mâchoires avaient lacéré de leurs crocs la bure de la veste et la tête s'enfouissait entre les jambes collées aux tempes d'où pendaient des mèches saignantes de cheveux gris. A côté, les cailloux qui

112

marquetaient le sol avaient été arrachés et l'empreinte des doigts se creusait profondément et furieusement dans la boue.

Une fenêtre, où deux vitres étaient remplacées par des carrés de papier jaune, éclairait, d'un jour sale, la chambre dont les parois lamées de salpêtre luisaient autant que des miroirs. Du plafond barré par des poutres noires, tombaient les jambons bronzés et d'énormes chapelets d'oignons. Trois chaises, une table sur laquelle traînaient des assiettes en terre rouge, un couteau à manche de corne, une tourte de pain, aussi lourde qu'un bloc de houille, et, au milieu de ces misérables meubles, un coffre apparaissait, debout, planté dans le sol que sa masse défonçait, une armoire de fer, formidable, blindée comme une porte de cachot.

Le juge avait ouvert la fenêtre et regardait au dehors. Une montagne se levait toute droite et il tendit le cou, renversa la tête, pour voir, là-haut, une étroite bande de ciel. Des chênes défeuillés par l'hiver escaladaient la montée. Au faîte de l'un d'eux, un bûcheron frappait de grands coups de hache, amputant les branchages qui battaient l'air et tombaient dans un fracas répercuté par les échos.

— Où est la localité ? demanda le juge.

Le maire désigna, au loin, vers un tournant du défilé, quelques chaumières qui se confondaient avec la teinte crayeuse de la terre et semblables à une poussée de champignons parmi les arbres rabougris. L'église les dominait, écrasée sous un clocher difforme et, juché sur la cime de la montagne, un moulin à vent se tenait, dans le calme de l'air, immobile, les bras en croix.

Parti de Mauroux très jeune, habile ouvrier mécanicien, Valadier était rentré au village lorsqu'il s'était senti vieillir. Il avait, disait-on, gagné une fortune considérable dans la confection des coffres-forts et le perfectionnement des clefs de sûreté.

Une vente publique le faisait, dès son retour, et à fort bas prix, propriétaire de la maisonnette, puis, successivement, il acquérait une vigne, un pré, un bois, la montagne entière, et il se consolait de la stérilité de son bien par la satisfaction vaniteuse que lui procurait le spectacle d'une si monumentale possession.

Jamais il ne sortait. Seule, Léonie, sa fille, errait dans la campagne, disparaissant des journées entières, ne rentrant que le soir, exténuée, la robe en lambeaux.

Elle s'asseyait et restait ainsi de longues heures, immobilisée dans un silence maussade, tandis que son père la questionnait, l'embrassait, mendiait un sourire, la servait avec un humble et tendre empressement. Car il l'aimait avec rage, comme il aimait sa montagne et son art. Il l'aimait jusqu'à lui donner le nécessaire, jusqu'à rêver, pour elle, le superflu ! Du chef-lieu où il allait vendre ses coffres et ses serrures, il lui rapportait des robes aux couleurs éclatantes dont elle faisait des loques, et des fichus de prix qu'elle déchirait aux ronces des sentiers. Quels sentiments existaient en chacun de ces deux êtres qui avaient claustré leur existence entre les tristes parois de ce vallon ? Une paternité passionnée chez le vieillard. Chez la jeune fille une indépendance fougueuse, le besoin d'un libre développement, la haine d'une affection tyrannique, la joie tout animale de galoper à travers champs au gré de ses seuls instincts.

III

Un soir, le propriétaire du moulin à vent la ramassa dans la montée de la Garbasse. Elle était assise sup le talus du chemin, rompue, grelottant de froid. Le meunier conduisait sa charrette, faisant claquer son fouet aux oreilles de la mule dont les clochettes tintillaient. Il reconnut la fille de Valadier.

— Qu'est-ce que tu fais là, toute seule, petite ? demanda-t-il.

— Je ne sais pas. Je ne peux plus marcher. Voulez-vous me prendre ?

— Allons, hop !

Il l'empoigna et l'assit près de lui, parmi les sacs de farine qui matelassaient le fond. Elle le regardait, sans rien dire, la tête renversée sur le montant de la charrette, les yeux fixes, dans une ardente contemplation.
Ils marchaient au pas, cahotés par les ornières, et toujours elle le regardait, les prunelles tendues sur ce profil vainqueur que coupait une épaisse moustache et que couronnait un béret blanc.
— Qu'est-ce que tu me veux, petite ? demanda-t-il enfin. Est-ce que tu me connais ? - D'une voix tranquille, elle répondit :

— Oh ! oui, monsieur Pierrat, je vous connais bien ! Je n'avais pas peur toute seule. Je savais bien que vous passeriez.

Surpris, il se retourna, la regarda longuement, parut réfléchir, puis, d'une voix plus douce :
— Il est trop tard pour rentrer chez vous. Si vous voulez,

je vous ramènerai seulement demain matin chez votre père ?

Elle sourit comme si elle remerciait et répondit simplement :

— Si vous voulez, monsieur Pierrat.

IV

Depuis qu'il avait rendu Léonie à son père, Pierrat ne cessait de rôder autour de la maison. À toutes ses sollicitations pour obtenir du vieillard le consentement à leur mariage, Valadier répondait par un invincible refus. Il venait, chaque jour, jusque sous la fenêtre. Il appelait la jeune fille. De longs colloques s'échangeaient entre eux, et lorsqu'il s'en allait, retournant la tête, elle lui jetait des baisers à pleines mains.

Une nuit, à la veillée, comme elle le sentait proche, elle réussit à entr'ouvrir la porte et il entra, tout à coup. Valadier étendit les mains pour lui barrer le passage, mais le meunier l'écarta et lui frappant sur l'épaule :

— Je vous fais donc bien peur ! Il n'y a pas de quoi, pourtant. Je viens vous payer ce que je vous dois.

Le vieillard s'épanouit, soudainement rassuré. Il compta les pièces, signa un reçu, puis parut attendre impatiemment le départ de Pierrat. Celui-ci avisant le coffre qui se dressait au milieu de la chambre, s'extasia :

— Ah ! c'est du fameux travail, par exemple ! Il n'y en a pas deux dans le pays pour bâtir un morceau pareil !

Flatté dans son orgueil d'artiste, Valadier se mit à expliquer la construction du meuble. Il s'échauffa, fit tourner des clefs dans des serrures et il parlait seul, sans s'apercevoir que ni le meunier ni sa fille ne l'écoutaient. Dans l'embrasure de la fenêtre, aux vitres de laquelle cognaient des flocons de neige, ils causaient à voix basse, tandis que Valadier, accroupi devant le coffre, examinait l'ouverture béante et s'enthousiasmait.

— Il y aura plus de vingt casiers, sans compter les tiroirs à secret !

Les deux jeunes gens se regardèrent. Ils avaient eu la même pensée et la fierté qu'ils éprouvèrent de cette rencontre exalta leur résolution, ils se rapprochèrent et, comme ils étaient dissimulés derrière la caisse, Léonie demanda :

— Où placerez-vous les tiroirs à secret ?

— Là. Il y aura un ressort presque invisible. On n'aura qu'à peser dessus...

Un commandement éclata : « Allez ! » Le coffre s'inclina sous une poussée athlétique, et s'abattit, enterrant le vieillard, étouffant ses gémissements sous son couvercle de fer enfoncé dans le sol...

Ce fut comme une explosion de mine qui ébranla la chambre, secoua les vitres, fit craquer les poutres du plafond. Un chandelier dégringola. Et l'obscurité se fit avec le silence qu'emplit un embrassement frénétique, tandis que la tempête s'enrageait dans ses hurlements, bloquait la maison.

[Albas - Mauroux : 23 kilomètres, nettement moins à vol d'oiseau...]

À Mauroux, le même Saint Jean-Gabriel Perboyre.

MESAVENTURE

D'UN JEUNE HOMME

QUI SE FIT DU RÊVE

L'ARTIFICE DÉLOYAL DE LA SÉDUCTION

Le geai s'en revient tout chagrin...
Phèdre.

I

Des goûts différents, des sentiments opposés, deux esprits en contradiction violente sur toutes idées, deux aspects physiques entièrement dissemblables, c'étaient là, sans doute, les conditions essentielles qui faisaient de Charles Mazan et de Jacques d'Ambret deux inséparables amis. Une existence, pour toujours établie dans la même ville de province, entretenait cette intimité orageuse, secouée de disputes furibondes, interrompue par des brouilles farouches que suivaient, inévitablement et à courte échéance, d'enthousiastes réconciliations.

Chasseur passionné, Jacques vivait dans les bois avec ses gardes et ne rentrait qu'à la nuit, jamais éreinté, au contraire, exalté par l'ardeur des battues périlleuses, martelant aux talons de ses bottes les dalles du vestibule, bourrant les chiens qui se jetaient vers les cuisines, hélant ses domestiques, sonnant la curée, à pleine voix, dans une formidable imitation du cor. A la porte du salon, il criait : « Hélène ! Hélène ! » Et sur sa poitrine émaillée de glaçons, étoilée de neige, tachée de boue et de sang, il recevait le corps svelte et souple de sa jeune femme autour duquel il bouclait la rude ceinture de ses bras.

119

— Neige contre neige ! avait-il coutume de dire, et il ajoutait aussitôt : Hein, trouves-en autant, toi, poète transi !

Cette apostrophe s'adressait à Charles Mazan, assis près du feu, et qui, la tête légèrement relevée, contemplait cette scène d'un beau regard narquois. La race paraissait s'être égarée sur ce fin jeune homme qui eût pu revendiquer le nom si vulgairement porté par son ami. Cette anomalie vivante d'une amitié qui, par moments, offrait l'apparence d'une haine réciproque, ne pouvait-elle, dans cette sorte d'erreur de naissance, trouver son explication ?

Charles était épris d'art et de pensée autant que Jacques se montrait passionné de joies sensuelles et de bonheurs positifs. Aussi ce dernier mettait-il à proclamer son mépris de l'idée, son amour de l'instinct, autant d'affectation grossière que l'autre employait de charme à définir le rêve, d'éloquence dans ses mystiques ascensions, d'ironie spirituelle dans l'expression de son fier dédain pour l'ordinaire des matérialités.

II

Hélène goûtait, visiblement, un plaisir rare à cet antagonisme qui mettait les deux amis aux prises si fréquemment. Elle faisait, sans qu'il y parût, naître les sujets de controverse et, par des interventions habiles, elle poussait, jusqu'aux paroxysmes, l'animation des deux interlocuteurs.
Alors son regard, suprêmement intéressé, allait de l'un à l'autre, se reposait tantôt sur le visage sanguin de son mari, tantôt sur les traits délicats et vibrants de Charles avec une égale expression de tendresse et d'admiration.

Elle semblait aimer autant les brutalités cyniques de Jacques et ses robustes colères que les envolées idéales du rêveur et ses équipées aventureuses, au large, dans un éther sentimental.

Mais, de même qu'elle provoquait leurs disputes, de même elle les réconciliait, lorsque la brouille survenue entre les deux partenaires menaçait de s'aggraver. Du reste, cet état de surexcitation n'altérait en rien leur amitié réelle. Seulement ils ignoraient l'origine véritable de cette mutuelle hostilité.

Ils l'attribuaient bien, avec raison, à la différence de leurs natures, mais une cause plus secrète motivait ces débats. Jacques et Charles aimaient Hélène, chacun à leur manière, avec un même emportement de passion et la jeune femme était, à leur insu, l'enjeu de cette rivalité d'instinct.

Certes, Jacques ne soupçonnait pas l'amour de son ami, et celui-ci n'avait pas, tout de suite, reconnu le vrai caractère du sentiment qu'il éprouvait. En vantant sa valeur physique, en célébrant les jouissances normales de la vie, le mari défendait inconsciemment son bien, tandis que le combat pour le rêve ne cachait, en l'autre, que l'artifice du séducteur.

Hélène n'avait pas tardé à deviner ce double amour, et, loin d'éloigner celui qui pouvait être coupable, elle lui avait fait une large place dans sa pensée. Il lui donnait, avec abondance, tout ce que l'autre, l'amour de son mari, lui refusait. Celui-ci, tout de sensations, d'étreintes puissantes, d'embrassements fougueux, d'une frénésie toujours forte, toujours jeune, toujours devançant le désir ;

121

celui-là, tout d'extase, de caresses poétiques, de mots grisants, de regards éblouis, de lents sourires, de ravissements silencieux.

III

Dès que Jacques, équipé pour la chasse, partait en compagnie de ses chiens, Hélène appartenait à Charles, non, de corps, mais d'âme et d'esprit et de cœur. Ils passaient, l'un près de l'autre, les longues heures d'après-midi que le chasseur consacrait à battre les bois. Elle avait permis qu'il avouât son amour et elle en écoutait, bercée délicieusement, les récitatifs longs et murmurés. Ils oubliaient tout ce qu'ils ne pouvaient associer à leur adoration, et ils se découvraient, réciproquement, leur intelligence, leurs idées, leurs moindres goûts.

Puis, le soir venu, dès que les aboiements de la meute annonçaient le retour de Jacques, Hélène, soudainement, se transformait. La vie sensuelle, endormie quelques instants, se réveillait en elle, affluait en désirs impatients, la jetait toute frémissante sur la poitrine de son mari, et Charles ne pouvant s'imaginer la jeune femme sincère autrement qu'avec lui, répandait sur le couple enlacé un sourire satisfait et railleur.

IV

Dans ce cœur à cœur de chaque jour, la passion de Charles s'aviva. Elle marqua des intentions qui alarmèrent Hélène et lui donnèrent à craindre pour la pureté de ces après-midi extatiques dont elle avait fait le complément nécessaire de ses nuits d'amour. Elle pensa que l'isolement compromettait la rêverie et elle proposa des promenades à travers champs. En ce temps d'octobre, Jacques chassait du matin à la nuit.

Eux, chevauchaient, côte à côte, foulant les terres humides des sentiers, se mêlant aux herbes des prairies dont les tiges cardaient les dernières ouates du brouillard matinal. Ils passaient, tête baissée, sous les voûtes feuillues des bois et, tout à coup, au détour d'un chemin creux, débouchaient sur la grand'route qui filait d'un long trait blanc et coupait l'uniforme étendue du plateau.

Elle était déserte, ce matin-là. Ils mirent pied à terre, attachèrent leurs chevaux à un arbre et s'assirent sur le talus dont l'escarpement formait, derrière eux, un dossier de gazon. Ils restèrent, un long moment, silencieux, tant leur enchantement était parfait. Puis Charles soupira : « Hélène ! Hélène !... »

Elle le regarda, inquiète. Il implorait sa main. Elle les lui donna toutes deux. Il les baisa pieusement, ardemment, et soudain, comme elle voulait les retirer, effrayée de ce transport inhabituel, il l'attira dans ses bras, murmurant d'une voix haletante : « Hélène !... Soyez à moi !... à moi !... »

Mais, d'un mouvement souple et fort, elle échappait à son étreinte et debout, arrangeant ses cheveux défaits, elle disait très simplement :

— Pour ces sortes de... choses, mon mari suffit...

Ils rentrèrent, elle filant d'un joli galop de chasse, lui suivant à distance, d'un petit trot désenchanté.

COLONEL !...

ou TEL BRILLE AU SECOND RANG

QUI S'ÉCLIPSE AU PREMIER

I

Dans le temps où le cœur de la bourgeoisie française s'affolait d'enthousiasme pour les Polonais, un mendiant s'arrêta devant la maison de M. Octave Bozouls, le plus riche des propriétaires de Montclairac, en Agenais. La besace qu'il portait tomba, comme d'elle-même, de son épaule inclinée. Ensuite, ayant puisé une lettre au fond d'un étui de fer-blanc, il tira doucement le cordon de la sonnette dont le fracas imprévu parut lui causer, tout ensemble, de la frayeur et du désespoir.

Une servante vint. Elle prit la lettre que le passant lui présentait, examina l'adresse et dit : « C'est bien. Attendez. » Peu d'instants après le départ de la domestique, la porte s'ouvrit violemment. Octave Bozouls souriant des yeux et des lèvres s'avança d'un pas cérémonieux et empressé. Il écarta les deux battants de la grille et, livrant passage, d'un geste large de bienvenue, il dit au pauvre qui commençait à réciter un *Pater* :

— Pas d'humiliations ! Relevez la tête, colonel !

L'homme releva la tête et son visage s'épanouit dans un rire qui exprimait le flair d'une aubaine inespérée.

— Je sais qui vous êtes, reprit Bozouls. Mon ami, le maire de Vintaillac, m'écrit pour vous signaler à moi comme un des plus vaillants capitaines de l'armée polonaise. Faites-moi l'honneur d'entrer chez moi, colonel Malowski. Vous êtes ici, chez vous...

Pour répondre à l'étreinte cordiale que le propriétaire sollicitait, le passant donna ses mains avec l'hésitation de ceux qui ne sont pas accoutumés à les tendre toutes les deux à la fois.

— Vous avez beaucoup souffert ? Vos blessures vous ont rendu la marche difficile ?... Quelle guerre !... Vous avez succombé sous le poids de forces supérieures !... Notre climat est plus clément que celui de votre pays, n'est-ce pas ?...

Et s'apercevant qu'il n'était pas compris, Bozouls souffla sur ses doigts pour exprimer la température glaciale des contrées dont il parlait.

— De quelle partie de la Pologne êtes-vous originaire ? De la Lituanie ? De Varsovie ? De Cracovie ?... Mais vous ignorez notre langue... Vous la connaîtrez bientôt. Les peuples slaves ont de merveilleuses aptitudes à s'assimiler les dialectes étrangers... Vous êtes mon hôte. Cette maison sera la vôtre tant qu'il vous conviendra de l'honorer en y demeurant...

Tous deux se promenaient sur une vaste terrasse où fleurissaient des orangers et des lauriers-roses élancés de grands tonneaux vernis. Le Polonais riait comme si Bozouls se fût répandu en traits d'esprit et celui-ci démontrait un enchantement supérieur à celui que procure l'accomplissement d'une bonne action.

— Le colonel Malowski, dit-il en présentant à sa femme l'exilé qui souleva sa coiffure, une loque, un képi d'artilleur déformé par les ouragans. Il ajouta : « Nous serons les seuls du pays à avoir un Polonais ! »

Cette phrase rassura Mme Bozouls qui s'était d'abord effrayée à la vue de ce haillonneux dont le rire, tapi dans les broussailles de la barbe, lui dénonçait un fou redoutable ou quelque dangereux malfaiteur.

La nouvelle fut vite propagée. Le propriétaire alla visiter tous ses amis. Il leur disait, après de rapides préambules : « Figurez-vous que nous avons un Polonais à la maison. » Et sur le Ah ! de surprise jalouse que provoquait cette révélation, il ajoutait : « Oui, un colonel. »

Malowski devint l'orgueil de la famille Bozouls. On le cultiva ainsi qu'une plante rare destinée à produire les plus précieuses satisfactions de vanité, il avait voulu se rendre utile et témoigna, dès le début, le désir de s'exercer au jardinage. Mais on lui interdisait les travaux manuels. On le vêtit à la polonaise. En pleine chaleur de juillet, il fut habillé d'une pelisse à brandebourgs et coiffé d'un bonnet d'astrakan. Dans cette tenue, il présida une soirée donnée en son honneur par les Bozouls à la société de Montclairac et des environs. On lui fit fête. On but à la Pologne. On ne dansa que des varsoviennes, des mazurkas, des redowas, et, à la suite de cette réunion mémorable, le prestige des bienfaiteurs de Malowski atteignit son apogée.

II

Dès lors, une réaction modifia, progressivement, la situation du colonel dans la maison Bozouls. Ce personnage famélique - et muet dont l'intérêt était épuisé maintenant, cessa de plaire et ne tarda pas à agacer. Le propriétaire se montra plus réservé à l'égard de son hôte. Des discussions survinrent entre les deux époux dont les rapports s'aigrissaient en présence de cette conclusion inévitable : « Nous avons introduit chez nous un insupportable parasite dont nous ne pouvons plus nous défaire sans risquer de scandaliser tous nos amis. » Alors Bozouls résolut de contraindre, par une pression morale, le Polonais à s'éloigner.

Il ne l'appela plus colonel et, bientôt, profita du caractère docile de l'exilé pour l'accabler d'allusions blessantes, de traits directs, de sarcasmes flétrissants. — Ah ! je comprends que la Pologne ait été battue, s'écriait-il fréquemment, si ses troupes étaient dirigées par les capacités dont nous possédons les singuliers spécimens ! Et un jour, au dessert, comme Malowski se préparait à bourrer sa pipe, Bozouls lui signifia brutalement : « Mes ressources sont limitées, ne comptez plus sur moi pour votre tabac. »

Le colonel ne parut plus à la table de famille. Il prit ses repas à la cuisine, et, à ceux qui s'étonnaient de cette déchéance, le propriétaire répondait : « C'est lui qui l'a voulu. Il n'a pas le sentiment de sa dignité. »

L'arrivée d'émigrés espagnols acheva de faire oublier Malowski. Ces derniers étaient d'une arrogance admirable. Ils parlaient haut et fort, se drapaient fièrement dans leurs « capas », jouaient de la guitare et séduisaient les femmes par les formes chevaleresques de leur galanterie.

III

De chute en chute, Malowski était devenu le domestique des domestiques, mais si sa peine était dure, sa loyauté instinctive trouvait, dans cette bassesse, la satisfaction que lui refusait une supériorité usurpée.

Or, un matin que Bozouls devisait, dans son jardin, avec un vieux parent venu du fond du Quercy, à l'occasion d'un procès, le colonel, poussant devant lui une énorme brouettée de pierrailles, passa près des deux promeneurs. Le vieux parent, qu'on appelait l'oncle Palame, s'arrêta tout à coup, et, dévisageant Malowski, s'écria : « Je ne me trompe pas, c'est bien Jeantil !...

— Du tout, riposta le neveu, c'est un colonel polonais que j'ai recueilli... un fainéant qui me coûte les yeux de la tête...

— Lui ? un colonel ?... ah ! le scélérat !... »

Et Palame éclata de rire. L'exilé riait aussi et balbutiait : « Bonjour, monsieur Palame... »

— Qu'est-ce que cela veut dire ?

— Cela veut dire, expliqua le vieillard, que ce colonel s'appelle Jeantil, qu'il a été tout bonnement mon valet de ferme, qu'il débauchait toutes mes servantes, que j'ai dû le congédier et qu'étant très paresseux, le drôle ne s'est senti de goût que pour le métier de... colonel polonais.

— Ainsi donc !...

Bozouls suffoquait de colère. Ce ne fut qu'avec de violents efforts qu'il put se maîtriser. Très pâle, il prononça :

— Pas un mot de tout ceci. Je vous mettrais à la porte... sans pitié, entendez-vous, si jamais on apprenait que vous n'êtes pas... un colonel polonais !...

UN HOMME DE CAMPAGNE

ou LA SOIF DES HONNEURS

I

« Caractère altier, nature aigrie, insatiable ambitieux, faux savant, terrible esprit de contradiction, » tels étaient quelques-uns des qualificatifs par lesquels Malirat, maire de Valprionde, avait coutume de définir le personnage de Capoulun, son antagoniste en matière électorale et en toutes questions de municipalité. Capoulun justifiait ces épithètes, celle surtout d'ambitieux et de contradicteur acharné.

Curieux homme, autant au physique qu'au moral. Agé de quarante-trois ans, il en paraissait bien soixante, vieilli par son aspect maladif et par sa manière de se vêtir. Il portait, en toutes saisons, des paletots amples et flottants. Ses pantalons remontés à mi-hauteur du mollet, dès qu'il était assis, refusaient de descendre lorsqu'il se levait, et il détachait, en marchant, des ruades, pour les contraindre à regagner les souliers ; Il se coiffait, en hiver, d'un feutre noir à larges bords, creusé au sommet et, les premiers soleils venus, arborait une cloche en fausse paille de Manille, coiffure si légère, qu'aux moindres brises, il devait se hâter de fixer le cordon élastique à l'un des boutons de son habit.

Son maigre buste s'équilibrait sur des jambes torses de basset. Un lorgnon fumé cachait ses yeux qu'exaspérait la lumière crue du grand jour. Toute l'expression de la physionomie se concentrait sur la bouche que surmontait, sans la voiler, une moustache rousse aux crins insurgés.

Cette bouche dont un tic tourmentait perpétuellement les lèvres, était, à la fois, dégoûtée, fielleuse, agressive, prête à la chicane, confirmait, dans son seul dessin, le jugement porté par Malirat sur Capoulun : « Le démon de la discussion. »

Fils de paysans, il s'était senti hanté, de bonne heure, par un ardent désir de s'élever. Mais comment sortir de sa condition sociale ? Par quel fait notable s'affranchir de l'origine et entrer, de plain-pied, dans la bourgeoisie ?

Pourvu de toute l'instruction qu'il put acquérir chez l'instituteur, il se mit à rechercher les plus prompts et les plus sûrs moyens de s'illustrer. Il s'engagea, d'abord, dans les voies agricoles et ce ne furent, durant quelques années, qu'études préparatoires, expériences et plans. Il avait, affirmait-il, découvert la possibilité de substituer aux travaux de culture un mécanisme universel. Les moissons seraient fauchées, les vignes vendangées, les fruits cueillis, les bêtes à laine tondues, les porcs égorgés à l'aide d'instruments précis et rapides, mus par de puissantes machines à vapeur. Sous l'impulsion d'un projecteur aisément manoeuvré, des rouleaux de tôle pouvaient se déployer au-dessus des terres, aux premiers symptômes d'orage, et abriter les espaces cultivés contre les dévastations des ouragans. Il trouva mille remèdes contre les maladies de la vigne, des arbres fruitiers et des animaux.

Mais il se heurta toujours à l'hostilité de Malirat et à l'opiniâtre incrédulité de ses concitoyens. Comme il était reçu, quelquefois, le dimanche, dans une maison bourgeoise, chez les Molzinet, il tenta de séduire la jeune fille pour contraindre les parents au mariage. Seulement, celle-ci ayant révélé à son père les agressions outrageantes dont elle était victime, Capoulun fut chassé.

Il épousa, sans amour, une paysanne jolie et sensuelle que, lui, méprisa pour sa naïve ignorance, tandis qu'elle le prenait en aversion et en dédain à cause de sa chétivité.

II

Elle eut, vite, des amants qu'elle rencontrait par la campagne, sur les routes, à travers bois, et qu'elle recevait jusque dans la chambre de son mari, en le temps que celui-ci intriguait auprès des personnalités influentes du pays, pour obtenir les récompenses honorifiques auxquelles il croyait avoir droit.

De toutes ses inventions qu'il disait être susceptibles d'application, un jour fort prochain, il s'était fait des titres et avait, dès le début, brigué la Légion d'honneur. Ses démarches repoussées, il voulut obtenir le Mérite agricole, mais on lui objecta que les services qu'il s'enorgueillissait d'avoir rendus à la terre n'étaient pas encore réalisés. Il se retourna vers les Palmes et ne fut pas plus heureux.

— Comment, lui déclara le préfet excédé de ses instances, vous osez ambitionner une distinction que nous n'avons pas jugé opportun de conférer à votre vieux maître, au digne instituteur qui vous a dispensé la science dont vous vous targuez, aujourd'hui ! Allons donc, monsieur !...

— A quoi puis-je enfin prétendre ? implora Capoulun.

— La médaille de sauvetage, riposta le fonctionnaire, est peut-être celle dont une poitrine a le plus juste droit de s'honorer. Accomplissez un de ces beaux actes de dévouement et de bravoure, vous recevrez, n'en doutez pas, pleine et entière satisfaction.

Dès lors, Capoulun se mit à l'affût de l'événement dramatique capable de le signaler à l'admiration des autorités. Il chassa le sinistre et l'accident comme il eût cherché la piste d'un inestimable gibier. Il grimpa sur le toit de maisons en flammes, il dépendit un désespéré qui s'efforçait de mettre fin à ses jours, il assomma des chiens enragés, remit entre les mains de la justice toute une bande de maraudeurs. Mais Malirat, à qui le sauveteur adressait le rapport de ses exploits, en contestait l'authenticité, refusait d'apostiller les *placets* et faisait toujours la même réponse :

— Amenez-moi deux témoins. Il me faut deux témoins. Je ne peux rien sans les signatures de deux témoins.

Un soir de juillet, Capoulun rentrait à Valprionde, après une longue battue dans les environs. Il avait compté sur un incendie, car la sécheresse était extrême et une étincelle eût suffi pour enflammer la paille des granges ou les fagots de sarments entassés à la porte des maisons. L'injustice dont il souffrait était telle, qu'un instant, l'idée du crime s'offrit à sa pensée. Il la repoussa, certes, avec indignation, mais il descendit à des transactions de conscience, et c'est ainsi qu'à des enfants se roulant sur des litières de fourrage sec, il donna, comme jouets, des paquets d'allumettes dont il s'était muni à tout hasard. — Et pour mieux les inciter au rôle d'incendiaire qui l'avait effrayé pour lui-même, il leur recommandait paternellement :

— Faut pas les allumer, faut être bien sages, faut les donner à votre maman.

Caché derrière une haie, il les considérait, escomptant la joie sublime de voir la maison s'embraser et de sauver les chers petits aux yeux de tout un peuple promptement accouru. Ils firent flamber toutes les allumettes, mais un peu de brise qui se leva les éteignit tour à tour.

Il rentrait, las et découragé, suivant un chemin de halage qui bordait la rivière dont la nappe se fendait, par moments, au brusque saut d'un poisson. L'endroit était silencieux et désert. Capoulun allait passer devant une excavation de roches qu'on appelait la « Crose du Renard ». Un mouvement, un son, comme un cri étouffé qu'il entendit, lui firent, vivement, retourner la tête.

Le soleil, tombant à l'horizon, éclairait l'intérieur de la caverne. Capoulun vit sa femme aux bras du boucher de Valprionde, le sieur Duberger. Mais, avant qu'il eût pu bouger, les pieds fixés au sol par la stupeur, elle s'élançait au dehors et, folle d'épouvante, fonçant droit, comme une cavale emportée, se jetait dans la rivière et disparaissait en un tourbillon.

Le visage de Capoulun s'éclaira tout à coup.

— Laissez-moi faire, dit-il au boucher, qui insistait pour se jeter à l'eau. Restez là, j'aurai besoin de vous.

Il plongea, fut, quelques secondes, invisible, puis reparut, traînant sur les rochers la femme inerte, les yeux clos et les joues glacées, d'une lividité de mort. Elle n'était pourtant qu'évanouie. Il parvint à la ranimer et, pendant qu'elle sollicitait son pardon, à genoux, lui, assis près d'elle, écrivait, fiévreusement, sur une feuille de son calepin : « Cejourd'hui, 6 juillet 1892, le sieur Capoulun (Abel-Victor), ayant surpris sa femme en flagrant délit d'adultère avec le sieur Duberger (Paul-Ferdinand), et celle-ci étant tombée, par mégarde ou volontairement, dans la rivière, le sieur Capoulun s'est jeté courageusement à l'eau et a sauvé sa femme au péril de sa vie.

En foi de quoi, avons signé le présent certificat.

DUBERGER.

Femme CAPOULUN. »

Et, les signatures apposées, tous trois se dirigèrent vers Valprionde, ayant à leur tête Capoulun, fou de joie et ne cessant de répéter : « Enfin, j'ai mes témoins ! »

Il obtint la médaille de sauvetage pour acte d'héroïque abnégation.

[Texte publié le 16 septembre 1899 dans "*le supplément, grand journal littéraire illustré, paraissant trois par semaine, les mardis, jeudis et samedis*". "La rivière", il s'agit donc de la Séoune mais il serait difficile de retrouver l'endroit où "*la nappe se fendait, par moments, au brusque saut d'un poisson.*" Le temps des poissons a existé... à Valprionde également... à 26 kms des terres « *du maître* » FAQ]

La Séoune... en 2014

La Séoune

COMMENT LES MYRTES

FURENT FLÉTRIS

ET LES ROSES MORTES

I

Dans le bel appartement que, lui, veuf, et sa fille Bathilde, d'une santé si frêle, occupaient à Toulouse, rue du Poids-de-l'Huile, Lasvignes, par excès de sollicitude paternelle, condamnait son enfant, durant l'hiver, au régime d'une véritable réclusion. La mère était morte poitrinaire » Lasvignes disait bien : « suite d'une imprudence... au sortir d'une réception préfectorale où elle avait eu très chaud », mais il n'ignorait pas que, depuis le bisaïeul de sa femme, la phtisie imposée par cet ancêtre à sa descendance dévorait, successivement, tous les Maniabal.

Ainsi, ses habituelles alarmes se trouvaient justifiées. Il adorait Bathilde et, lorsqu'il exprimait sa rancune contre l'importateur du fléau, il s'exaltait, moins au regret de la morte qu'à la pensée de voir sa fille, un jour, très prochain peut-être, impitoyablement arrachée à son affection.

Sa fortune lui eût permis de donner à l'enfant une instruction solide et une éducation des plus élégantes ; mais les docteurs consultés avaient prescrit : « Pas de surmenage intellectuel. » En sorte que les maîtres, choisis par la vigilance du père parmi les plus ignares pédagogues, avaient seulement jeté, sur cette jeune intelligence, des notions générales, vagues, erronées la plupart et répandu, sur cette imagination naïve, la passion d'une salutaire médiocrité.

137

Le goût de la musique était, chez elle, le plus ardent de tous. Il lui fut interdit d'exercer sa voix autrement qu'en des romances d'un sentiment calme et en des opéras comiques d'exécution facile, où les difficultés vocales, aussi rares que possible, se dénouaient toujours dons une aimable gaieté. Elle se composa, là, tout un répertoire qui suffit à charmer sa solitude et dans lequel s'épanchèrent ses premières rêveries.

L'émotion que lui causait une belle voix était de toutes la plus vive, la seule même à laquelle elle fût réellement sensible, et elle restait de longues heures à écouter un baryton loqueteux qui, maintenu par des aumônes abondantes, chantait de larges mélopées et des refrains bachiques dans la cour de la maison. Les chants mélancoliques des peintres suspendus dans le gouffre des cages d'escaliers la ravissaient. Mais rien ne la passionnait autant que ces choeurs de troubadours qui, selon de vieilles coutumes, parcourent les rues de Toulouse et font vibrer la nuit de romances amoureuses, de sérénades suaves et de savoureux lieds montagnards.

Au moment où ses yeux allaient se fermer de sommeil sous les grandes ailes blanches de ses rideaux, elle entendait le pas de la troupe chantante battre, d'un rythme alerte, le pavé de la rue. Elle écoutait, immobile, s'indignant contre un roulement de voitures qui lui emportait un lambeau de cet enchantement passager, et son bonheur atteignait à l'extase lorsque les voix, rapprochées, attaquaient, avec des accents dont frémissaient les vitres :

Oh ! mon pays ! Oh ! mon pays !
Sois mes amours,
Toujours !

II

Ce furent les accents exquis d'une voix de ténor qui, subitement, un soir d'été, éveillèrent son attention et dirigèrent ses regards vers la façade opposée au balcon où elle venait de s'accouder. On chantait là une romance qu'elle aimait entre toutes et qu'elle plaçait au-dessus des plus sublimes compositions.

C'est, d'abord, comme un badinage sentimental. L'amoureux reproche à celle qu'il aime la cruauté de ses coquetteries. Il s'efforce à faire parade d'un scepticisme léger, d'une frivole indifférence de don Juan qui ne s'attarde pas aux résistances ; mais, sous cette forme galante, on sent tressaillir une douleur réelle, péniblement contenue et qui éclate dans le refrain symbolique et final :

> De vos jardins fleuris
> Fermez les portes :
> Les myrtes sont flétris,
> Les roses mortes.

Il y a dans ce dernier trait : « Les roses mortes », une réduplication de la voyelle *o* qui peut aussi bien produire un effet de comique sinistre qu'une impression de pathétique suprêmement intense. L'art consiste à donner à cet *o*, six fois répété, pour le moins, en des tons différents comme une superposition de sanglots : « mo-o-o-o-o-ortes », une suffisante ampleur de navrement.

C'est en cela qu'excellait l'invisible chanteur. Aussi Bathilde se sentit-elle frappée au cœur, aimer, de toutes les jeunes forces de son âme, ce merveilleux artiste qui, tout à coup, lui révélait un divin inconnu de passion. Les chants ayant cessé, deux jeunes gens parurent à la fenêtre.

L'un deux était laid, déjà chauve, rougeaud, la physionomie ridiculisée par un nez énorme, tel qu'un monolithe horizontal. L'autre... Ah ! comme elle le reconnut aussitôt !... Il était le héros des romances et des opéras-comiques, celui qu'elle avait si longtemps aimé en rêve. Il était ce jeune homme, le « pale voyageur » de *Connais-tu l'Amour ?* Celui pour qui, tant de jeunes « filles, gardent au cœur une plaie ouverte ». Il était Fra Diavolo, le chasseur diligent de *Robin des Bois*, le Chevrier du *Val d'Andorre* lui-même, le chevalier d'Avenel, Sylvio Pellico, Abd-el-Kader, tout ce qui, dans la fiction ou la réalité, est magnanime, chevaleresque et charmant ! Il était svelte, portait des moustaches aux pointes finement ondulées et se nommait Amaury !

Elle résolut que ce jeune homme serait son mari. Lasvignes, ne sachant résister à une volonté si fermement exprimée par sa fille, prit des renseignements sur le ténor. C'était un étudiant en droit sans fortune, mais, fort intelligent, de famille honnête et, disait-on, de grand avenir.

Il fut admis à faire sa cour. Il séduisit le père presque autant que la fille par ses excellentes manières, son érudition discrète et cette timidité sympathique qui donnait à la jeunesse de son visage une si candide fraîcheur.

Vainement le priait-on de chanter, durant les soirées qu'il venait passer chez les Lasvignes. Il s'excusait, prétextant un trouble qui ne manquerait de lui faire défaillir la voix et, lorsqu'ils étaient seuls avec Bathilde, il lui prenait la main et, doucement, murmurait :

— Je vous en supplie, ne me demandez pas de chanter.

L'impression que j'ai eu le bonheur de faire naître en vous doit rester telle, toujours. Une expérience nouvelle la diminuerait, l'anéantirait peut-être, et que deviendrait notre bonheur ? Croyez-moi, Bathilde, la sagesse est de garder les souvenirs et de ne jamais revivre le passé.

Elle pensa : « C'est un doux original. » Et le mariage eut lieu.

III

Bathilde n'avait pas renoncé à entendre Amaury lui chanter les *Myrtes*, et, après les premiers quartiers de la lune de miel, elle le persécuta d'incessantes supplications. Il résista longtemps.

— Croyez-moi, lui disait-il, renoncez à cette épreuve. Il y va de notre bonheur.

Mais elle finit par exiger, et, un soir, Amaury se dirigea, fort pâle, vers le piano, sur le clavier duquel Bathilde préludait à l'accompagnement, tandis que Lasvignes s'étalait dans un fauteuil, les yeux mi-clos, déjà charmé.

Aux premiers sons que fit entendre Amaury, la jeune femme s'arrêta net. Le père se dressa. Tous trois se regardèrent.

— Vous chantez faux, monsieur ! s'écria Lasvignes.

— Comme un chaudron fêlé, riposta Amaury.

— Alors, demanda Bathilde, d'une voix tremblante, ce n'était donc pas vous qui chantiez les *Myrtes* ?

Amaury répondit :

— Non, madame, ce n'était pas moi. C'était mon ami, celui que vous appeliez le « laideron. »

Il y eut uni silence. Les deux époux se regardèrent, et Amaury prononça tristement :

— Quand je vous le disais, qu'il ne faut pas vouloir regarder de près le bonheur !...

EXIGENCES INTOLÉRABLES
D'UN CAVALIER SERVANT

I

A vrai dire, cette dénomination de « cavalier servant » n'a plus guère cours que dans les causeries rétrospectives de quelques élégants vieillards. On désigne, aujourd'hui par le mot « flirt », — chacun le sait, — non pas seulement le marivaudage assidu des gens du monde, mais aussi certains jeunes hommes qui veulent réussir dans la société, la littérature ou les arts, et comptent sur l'amitié des dames pour s'élever. Toute femme qui peut prétendre à tenir un rang doit être pourvue d'un flirt. Il en est à qui la beauté, la fortune, l'éclat du nom, le prestige des relations brillantes et utiles attirent plus de flirts qu'elles n'en peuvent agréer. C'est toute une cohue de rivalités qui se forme dans leur sillage. Ces privilégiées sont, d'ailleurs, assez rares, et leurs « soupirants » ne doivent être considérés autrement que des amateurs.

Or, il existe des flirts d'une catégorie moins luxueuse. Ce sont les vrais, les jeunes gens de carrière qui font les petits ménages de la bourgeoisie et, en attendant de plus avantageux succès, vivent aussi lucrativement que possible, de leur modeste profession.

Les Gindoux se désespéraient. Partis très bas tous deux, ils étaient parvenus à pénétrer en quelques salons et faisaient, pour garder les places conquises, les derniers efforts. Mais, depuis deux ans qu'elle cherchait, Mme Gindoux n'avait pu découvrir le tout jeune homme qui voulût se dévouer à elle et qui consentît à paraître victime de sa rigueur.

143

Gindoux avait d'abord raillé sa femme sur l'insuccès habituel de ses démarches.

— Toujours bredouille ? demandait-il plaisamment lorsqu'elle rentrait après d'infructueuses visites et qu'elle s'asseyait, à table, maussade, aigrie par les désenchantements de la journée.

Ensuite il lui donna des conseils :

- Permets-moi de te dire que tu t'y prends maladroitement. Tu es d'une impatience ! Tu vas ! tu vas ! Trop d'avances ! Une femme doit savoir promettre dans un sourire et refuser dans un regard. Ils finirent par s'irriter. Des scènes éclatèrent entre eux et ils en vinrent aux reproches insultants :

— Tu es sans excuses ! s'écriait-il. Tu ruines mon avenir ! Je ne connais pas une de tes amies qui ne paraisse avoir au moins un amant ! Elles ont toutes réussi ! Il n'y a que toi !... Que veux-tu que l'on dise de moi dans les milieux où nous fréquentons ? Ne cherche plus ! Assez d'humiliations comme cela !

Elle ripostait avec véhémence, et leurs rapports se tendaient à se rompre, quand, un matin, rentrés du bal, la porte de la chambre refermée, Thérèse Gindoux s'exhuma lestement de sa fourrure, s'approcha de son mari, lui posa les mains sur les épaules, se hissa jusqu'à ses yeux, et, rayonnante, lui dit ces simples mots :

— J'ai trouvé !

Gindoux s'épanouit. Pourtant il doutait encore. Es-tu bien sûre ? Qui ? demanda-t-il.

— Abel Lustral...

— Le poète !... Oh ! c'est parfait !... Tu me sauves ! Six mois encore sans flirt, il n'y a pas à se le dissimuler, nous étions perdus !... C'est un choix admirable ! Tous mes compliments !...

Et, fou de joie, il embrassait sa femme avec de délirants transports de reconnaissance et de passion.

II

Lustral devint, dès ce moment, le familier des Gindoux. Il prit chez eux ses repas quatre fois par semaine et se fit un devoir de ne jamais manquer le jour où Thérèse recevait. Il se donnait, en ces instants, une pâle tête d'amant blessé au cœur, ne regardait qu'elle, ne disait mot et refusait toutes boissons.

Cependant, sur les instances de la jeune femme, il acceptait de dire des vers. Il s'adossait à la cheminée et, d'une voix dolente, récitait les strophes sensiblement composées pour Thérèse, à qui ses yeux les dédiaient. Et, à demi renversée dans son fauteuil, elle écoutait, souriante, un peu confuse de son triomphe et soufflant, sur la roseur de ses joues, les brises légères de son éventail.

Comme il s'était fait, par le monde, une réputation de mécréant, elle voulut s'attribuer, publiquement, le succès de sa conversion. Elle obtint qu'il l'accompagnerait à la messe. Il marchait près d'elle, portant le livre d'heures, s'agenouillait à ses côtés, courbant humblement un front qu'on disait chargé d'orgueil, et il priait avec une ferveur si ardente que sa piété forçait, dans un vaste espace, l'admiration des fidèles moins recueillis.

Il l'escortait en toutes ses sorties. En voiture, leurs profils s'encadraient dans les glaces, côte à côte. A la promenade, elle s'appuyait, languissamment, à son bras. Il lui jetait, pour la défendre, contre la fraîcheur du soir, des dentelles sur les épaules et, parmi les pelouses du Bois, il lui cueillait des bouquets de marguerites, qu'il lui offrait avec de frais sourires d'enfant.

III

Après quelques mois de ce flirt contemplatif, l'enthousiasme de Lustral déclina. Il s'était cru autorisé à solliciter de Gindoux un service que celui-ci n'avait pu lui rendre, malgré le désir sincère qu'il en exprimait. Dès lors, le zèle du poète se ralentit. Il critiqua les menus et se montra d'une exigence qui devenait plus tyrannique, chaque jour.

Ayant compris que sa présence était indispensable au prestige des deux époux, il avait, en quelque sorte, tarifé ses visites, dont le prix ravageait le maigre budget de la maison.

Les Gindoux se désolaient, car ils voyaient accourir le moment où Lustral les abandonnerait. Le mari surtout témoignait une inquiétude extrême. Il sentait que la rupture de cette liaison apparente survenant après une durée si brève, consommait son humiliation.

Alors Abel exigea une suprême faveur. Il voulait réaliser — était-ce un caprice ? — le bénéfice de cette passion fictive et il implora Thérèse, lui jurant qu'il s'attacherait à elle, pour la vie, si elle daignait lui appartenir. Elle n'avait pas prévu ce dénouement. Aussi s'indigna-t-elle, de toute

146

la violence de son honnêteté réelle, et elle conta, tout émue, à son mari l'injure que le poète venait de lui infliger.

— Faut-il le chasser ? demanda-t-elle.

Et elle ajouta :

— D'ailleurs, il ne resterait qu'au prix qu'il a lui-même fixé !...

— Je n'ai pas de conseil à vous donner, répliqua-t-il d'une voix grave. J'ai seulement à vous dire que, s'il part, nous sommes déshonorés ! Faites donc ce que vous commande l'honneur de la maison.

LA SERVIABILITÉ

D'UN VIEIL AVOCAT CONSULTANT

I

Après des études solides et prolongées dans les universités du Midi, Adrien Delestable de la Futaie pouvait briguer les postes les plus éminents de la magistrature assise ou debout. Il préféra retourner à la Futaie, le manoir de famille, et, là, mener une vie sédentaire, occupant ses loisirs à combler les cultivateurs en procès de savantes consultations.

Des hauteurs les plus sauvages comme des vallons les plus noirs des causses quercinoises et des plaines le plus gaiement ensoleillées, les pèlerins de la chicane affluaient au château. C'étaient des paysans taciturnes qui venaient exposer, en termes obscurs, les difficultés d'un partage ou soutenaient, avec fanatisme, les droits qu'ils s'adjugeaient frauduleusement, des femmes au bavardage étourdissant qui se disputaient des oiseaux de basse-cour ou des bêtes à laine, des propriétaires ruraux, ceux-ci très retors et qui sacrifiaient une part considérable de leurs revenus au règlement d'interminables contestations.

La Futaie s'adossait au flanc d'un coteau boisé que couronnait la ruine d'une église aux pans déchiquetés en verrières et dont les ogives béantes encadraient le bleu des ciels d'été, le gris des temps moroses, les roses des aurores, les lilas des couchants. Le castel commandait au croisement de deux routes. Le bonnet pointu d'une tourelle ragaillardissait les vieux toits aux tuiles moussues : mais la vétusté de la demeure se retrouvait

148

toute dans les façades aux pierres enfumées, trouées de fenêtres dont les contrevents vert pâle jetaient des cris de détresse sous la poussée des ouragans. Le cabinet de l'avocat ouvrait, par deux portes vitrées, sur une cour rocailleuse, ornée, en son milieu, d'un puits énorme et piétinée, tout le jour, par les volatiles, qui, le soir venu, s'ameutaient autour des baquets. La pièce était meublée sobrement. De hautes bibliothèques, des portraits d'ancêtres, des diplômes de licence et de doctorat revêtaient les murs. Des coquillages pavaient la cheminée, et, couvrant la table, des in-folio s'étalaient, les reins brisés sur des textes, cloués dans ce supplice par des presse-papier de verre où se coloriaient les vues de Notre-Dame de Lourdes, de Paray-le-Monial et les édifices le plus en renom.

Enveloppé dans une houppelande vaste, coiffé d'un bonnet grec de velours noir, chaussé d'escarpins à boucles argentées, sur lesquels s'affaissaient des bas blancs, l'avocat siégeait parmi les paperasses et dictait ses conseils.

Le sourire qui épanouissait et dilatait le cœur de sa bouche exprimait la délectation qu'il mettait dans ses efforts pour convaincre ou pour, simplement, persuader : Il avait, selon la qualité du client, recours aux plus variées ressources oratoires, mais il aimait, par-dessus tout, intercaler, dans ses démonstrations, des sentences latines, pour vaincre les dernières résistances de ses auditeurs. Puis, la consultation terminée, il réclamait, par une formule enjouée, le montant de ses honoraires, qui s'élevaient à trois francs.

II

— Monsieur l'avocat, je vous présente mes devoirs.

Cette salutation était adressée à Delestable par le sieur Riston, un matin, au moment où le jurisconsulte entrait dans son cabinet.

— Ah ! c'est vous, Riston ? Vous venez encore vous plaindre de vos enfants ? Madame, je vous salue bien...

Et Détestable s'inclinait devant une femme grande et rigide, aux cheveux noirs, au visage hâlé, au nez de gerfaut recourbé sur des lèvres minces qui donnaient à sa physionomie une expression oraculaire, l'air d'une pythonisse de la châtaigneraie. Riston était un vieillard noueux comme un cep de vigne, débilité par soixante ans de travail et courbé définitivement vers ce sol qui possédait tous les regards, toutes les pensées, toutes les espérances de sa vie.

— Vous vous êtes donc remarié, demanda l'avocat, et c'est la nouvelle madame Riston que j'ai l'honneur de saluer ?

— Oui, monsieur. Même, c'est pour cela que nous sommes venus vous consulter.

Delestable ne put retenir un léger mouvement de surprise ; mais sa bouche retrouva aussitôt son sourire de douce béatitude, lèvres mi-ouvertes, yeux mi-clos, et, les mains jointes, à la hauteur du menton, ainsi que pour une prière.

— Mon brave, prononça-t-il, je connais votre affaire.

Vous vous êtes laissé enjôler par vos enfants, malgré mes avis réitérés, vous ne refuserez pas de le reconnaître. Vous leur avez fait donation de vos biens. Dès qu'ils se sont vus en possession de ce qui ne devait leur revenir qu'après votre mort, ils vous ont considéré, non plus comme un père, mais comme une charge. En sorte que vous regrettez votre libéralité et que vous auriez bien voulu faire révoquer cette donation. *Hic jacet difficultas*. Là gît la difficulté. Vous n'avez pas les preuves matérielles de l'ingratitude dont vous vous plaignez, et nous ne pouvons utilement exposer ce cas de révocation. Il y en aurait bien un autre : la survenance d'enfants ; mais, soit dit sans vous offenser, votre âge vous empêche d'élever une prétention raisonnable...

Le sourire du jurisconsulte qui soulignait le badinage de cette allusion se troubla, tout à coup, devant le regard de la jeune femme, un regard glacé, résolu, qui semblait être le regard même du devoir. Riston prit la parole et, posément, prononça :

— Monsieur l'avocat, je ne m'adresse pas à votre savoir, mais à votre bon cœur. Je suis trop vieux pour avoir un enfant, et c'est pourtant le seul moyen de rentrer en possession du bien qu'on m'a pris. Nous avons pensé, ma femme et moi, que vous ne nous abandonneriez pas dans cette triste position et que vous voudriez bien...

— Par exemple !... interrompit Delestable, dont les mains, disjointes par la stupéfaction, s'agitèrent, protestant contre l'inconvenance de semblables trafics.

Mais son indignation s'apaisa devant la gravité du vieillard, qui pleurait l'absence de ses forces, et devant l'impassibilité minérale de la femme, qui paraissait sourde à l'étrangeté de tels propos.

— Monsieur l'avocat, venez à notre aide, supplia Riston. Ma femme est une honnête créature. En s'alliant à votre famille, elle se fait honneur, ainsi qu'à moi et à... l'enfant. Ça sera un grand service que vous nous rendrez, et il n'y a pas dans le pays quelqu'un de plus honorable à qui j'aurais voulu le demander...

Delestable se défendait, sans colère, riant plutôt de ce qu'il appelait un « arrangement original ».

— Ça n'est pas dans mes attributions, répétait-il... Et... qu'en dit madame ?

Les lèvres de Mme Riston se descellèrent, et elle articula :

— Pourvu que Riston soit le père, je ferai mon devoir.

— Oh ! pour cela, répliqua l'avocat, la loi est formelle : « Le père est celui que le mariage désigne comme tel. *Pater is est quem nuptiae demonstrant.* »

LES BIENFAITS DE L'OPINION

I

— Tu vois, ce lamentable ivrogne ? me demanda Charles Coutel, chez qui j'avais été passer quelques jours à la campagne, le mois dernier.

— Je le trouve plutôt gai, répondis-je. Sa figure est splendide et sa physionomie exprime la joie, une joie presque insultante et qui a l'air de crier aux passants que c'est lui seul qui a raison.

— Poète !... Observe-le bien, puis je te conterai l'histoire de ce pauvre diable, et tu pourras philosopher utilement sur la fragilité des réputations.

Nous nous trouvions en plein village, accoudés au balcon de la vieille maison familiale en laquelle mon ami me recevait. Ce jour-là était dimanche, et les paroissiens, qui sortaient des vêpres défilaient par groupes, sous nos yeux. Des paysans en bure stationnaient, hésitants, devant la porte d'un café... Des dames coiffées de plumes et portant des toilettes claires, se disaient, les unes aux autres, mille choses flatteuses en un ramage de cacatoès. Les sœurs de Jésus menaient au couvent les « demoiselles » de la congrégation. Un Auvergnat, en veste de velours, ombragé d'un feutre immense, une courte pipe au coin des lèvres, montait la garde devant une rangée de chaudrons, et, à l'étalage d'un marchand, une vieille femme, en bonnet de veuve, examinait un piège à rats.

Et tous ces détails composaient un si sage ensemble, attestaient une si générale paix des consciences, que le

153

scandale de cet ivrogne festonnant dans la sérénité publique provoquait de la colère et de l'écœurement. Il avait d'assez nobles traits, un large front, des yeux malicieux, une bouche ironique, un nez énorme et lumineux, mais, sur toute sa personne et dans sa mise, la plus répugnante sordidité. Les joues hérissées de soies grises, les cheveux blancs jaillissant, en flammes de punch, hors des ailes d'un chapeau défoncé, une redingote enfarinée de poussière et damassée de boue, révélant des chutes innombrables en toutes saisons et sous tous les ciels, il s'exposait à l'indignation publique avec une inexprimable satisfaction.

Immobile, bras croisés sur la poitrine, il s'abîmait en une attitude de penseur, puis, tout à coup, exécutait une gigue frénétique ou fonçait, tête baissée, sur les attroupements. Il y avait alors des paniques soudaines. Les femmes s'enfuyaient, poussant des cris épouvantés, les gamins s'esquivaient en gambadant, tandis que des bourgeois bravant l'attaque, s'effaçant juste pour éviter le coup de boutoir, haussaient les épaules et jetaient à l'ivrogne, lorsqu'il passait près d'eux :

— Vous n'avez donc pas honte, monsieur Chatogais ?

II

— Qu'est-ce que c'est, ou qu'est-ce que c'était que M. Chatogais ? demandai-je à mon ami.

M. Chatogais était, il y a dix ans, un homme de l'esprit le plus cultivé et du commerce le plus charmant. Il avait, dans sa jeunesse, étudié à Paris, le droit, les lettres, la théologie même ; mais, irrésistiblement attaché à ce

154

village, où il est né, toute carrière qui l'éloignait de ses compatriotes lui causait un invincible dégoût. Aussi ne tarda-t-il pas à revenir habiter au milieu d'eux, là, dans cette maison à pigeonnier que tu vois à l'angle de la rue.

Les Chatogais étaient, depuis des siècles, universellement considérés dans ce pays. Celui-ci accrut, tout de suite, cette considération et la porta jusqu'à la vénération par l'exemplaire régularité de sa vie, la droiture de son caractère, la sûreté de ses relations et la sagesse de ses conseils. Ajoute à cela une érudition des plus étendues. Possédant à fond l'archéologie régionale et la généalogie des moindres familles, il abondait en documents précieux, et sa causerie était toujours fournie d'anecdotes qu'il assaisonnait des plus pittoresques observations.

Je m'étais, promptement, fait un ami de Chatogais. Comment ne pas aimer un pareil esprit ? Je ne lui reprochais qu'une faiblesse. Elle consistait en un culte excessif de l'opinion publique, un culte poussé jusqu'au fanatisme, jusqu'à la terreur d'une interprétation équivoque, jusqu'à l'effroi du « qu'en dira-t-on ? »

« — Chatogais, lui disais-je quelquefois, vous êtes trop pusillanime ! J'ai le pressentiment que vous êtes voué à quelque aventure scandaleuse, à quelque fâcheux éclat ! »

Je ne croyais, certes, pas que cette plaisanterie prophétique dût jamais se réaliser. Chatogais était venu me prendre ici, un dimanche, comme aujourd'hui, à la sortie des vêpres. Nous partîmes pour notre promenade habituelle ; le chemin de halage, jusqu'au tournant de la Rivière-Basse et le retour par la montée du Moulin. Nous causions gaiement. Chatogais évoquait des souvenirs d'enfance.

155

Parfois, il s'arrêtait pour préciser un point de paysage et admirer le beau soir, tout rose, dans lequel les cloches des villages jetaient les angélus. Puis il reprenait sa marche, d'un pas alerte, écrasant, d'un coup de canne bref, les taupinières qui soulevaient le sol.

« — N'allons pas si vite, me dit-il, comme nous arrivions à la montée du Moulin. Je me sens des vapeurs... un vertige... Ça ne va pas du tout. »

Je le regardai, subitement effrayé. Il était livide et, tenant son chapeau d'une main, de l'autre s'épongeant le front, il faisait de surhumains efforts pour pouvoir marcher droit.

« — Qu'avez-vous ? Qu'éprouvez-vous ? lui demandai-je, redoutant qu'une attaque le surprît là, hors de portée de tout secours.

« — Ça ne va pas, redit-il.

« — Du courage ! Prenez mon bras. Nous nous arrêterons chez Molineux. Plus que cinq cents mètres à faire ! Allons !

« — Non, déclara-t-il résolument, je veux rentrer chez moi. Je marcherai. »

Il essaya de marcher, mais il titubait et barrait la route de zigzags, l'angoisse d'estomac dont il souffrait lui mettant des voiles sur les yeux. Des paysans passaient. Ils s'arrêtèrent un instant, regardèrent ébahis ; puis, je les entendis qui se disaient, en s'éloignant : « Par ma foi, M. Chatogais a bu un coup de trop ! » J'insistai vivement pour qu'il entrât chez Molineux ; mais le désir de ceux qui sont malades, le désir de regagner sa maison, l'éperonnait, et il refusa le secours que je lui offrais.

Nous traversâmes la place du village. Chatogais luttait héroïquement contre le mal ; mais sa marche perdait, à chaque pas, de ce qui lui restait de fermeté. Les flâneurs qui se trouvaient là, nombreux, parurent d'abord consternés. Ils se rangèrent, comme ils l'eussent fait devant un char funèbre. Il y eut, quelques minutes, un silence fait de stupeur. Puis j'entendis : « Un homme si comme il faut !... Honteux !... Il n'aurait pas dû sortir !... »

J'aurais voulu pouvoir protester, réduire à néant, tout de suite, ces injustes accusations, qui ne parvenaient pas aux oreilles de Chatogais. Mais il eût fallu l'abandonner, et il me sembla que la nécessité de le conduire chez lui s'imposait avant tout.

Je fis d'inutiles efforts pour sauver le malheureux. Je racontai comment le mal l'avait pris, une indisposition, un malaise ! Je me portai garant de sa sobriété. Je m'indignai. On me répondit par des plaisanteries ou des sourires réservés. Il était jugé, condamné sans rémission.

Chatogais devint taciturne. J'essayai de le distraire sans pouvoir réussir à dérider le mutisme en lequel il s'était enfermé. Et, comme je frappais à sa porte, un dimanche, il s'élança au-devant de moi :

— Allez-vous-en, s'écria-t-il. Ils ont ce qu'ils voulaient ! Je suis ivre pour tout de bon ! Et jusqu'à la fin de mes jours !...

Et cet archéologue affable et disert se jeta dans les rues,

brandissant sa canne et braillant à tue-tête le Chant du Départ.

["*Cette maison à pigeonnier que tu vois à l'angle de la rue.*" Nombreuses maisons avec cette caractéristique dans ce Quercy... Quant aux moulins... peu ont survécu... Ce qui mérite bien quelques photos... FAQ]

Albas

Anglars

Cahors – cimetière nord

Caillac

INGENIEUSE IDÉE

D'UNE

FEMME DE CAMPAGNE

ATTEINTE D'INSOMNIE

I

— Vous allez dans un pays triste et malsain, mon cher curé, un vrai pays de sauvages, à tel point que votre vénéré prédécesseur avait coutume de me dire : « Vous m'avez donné charge d'*ânes*, monseigneur : *asinorum*, et non *animarum* ! »

L'abbé Sansépée se mit à rire, réglant sa gaieté sur l'hilarité de l'évêque ; puis, son visage redevenu grave, il déclara qu'il acceptait cette paroisse de Ventéjouls comme un poste de combat, certes, sans la vaine assurance du triomphe, mais sans crainte d'une résidence où l'on n'avait osé reléguer, jusqu'alors, que les ecclésiastiques disgraciés.

Hors l'église, le presbytère et quelques maisons à toits cabossés, le plateau de Ventéjouls était un steppe désespérément broussailleux. Il fallait un ciel sans nuage pour que le prêtre, l'œil appliqué au verre d'une longue-vue puissante, pût pressentir, dans l'inconnu de l'horizon, des routes carossables, des vignobles et des métairies. L'évêque avait dit vrai en qualifiant de « sauvages » les paroissiens de Ventéjouls. Ils formaient là comme une tribu solitaire, vivant une vie animale, sans culte, sans passions et sans souvenirs. Des vieillards reposaient au

163

seuil des portes, les oreilles murées dans le bonnet de laine, les mains molles, agitant des thyrses pour éloigner les mouches qui harcelaient leur sommeil. Les enfants guerroyaient et maraudaient au loin, Les jeunes hommes étaient braconniers la plupart, et les anciens vivaient en troglodytes dans les cavernes qui ouvraient, sur le flanc de la montagne, d'énormes gueules de clapiers.

Jeune, érudit, passionné d'éloquence sacrée, fanatisé du désir de convaincre les âmes les plus rétives, l'abbé Sansépée avait entrepris d'évangéliser cette population qui eût découragé le zèle des missionnaires habitués à braver l'hostilité des anthropophages polynésiens. Car, hélas, il n'y avait pas d'hostilité ! C'était l'indifférence morne, la stupidité imperméable, l'insensibilité des brutes que les émotions les plus fracassantes ne peuvent réveiller de leur léthargie.

Le prêtre comprit bientôt qu'il ne viendrait à bout de la catalepsie de ses fidèles que par une prédication infatigable et variée savamment. Ainsi décida-t-il que, chaque dimanche, à l'issue des vêpres, un sermon serait prêché. Il débuta par des sujets faciles où les anecdotes foisonnaient, des anecdotes gaies, qu'il contait avec sa bonne humeur cordiale, se laissant même aller à sourire. Mais nul visage ne se déridait, nul regard ne se défigeait, et la jovialité du prédicateur s'assombrissait au milieu de cette glaciale inattention.

— Ils ne sont pas naturellement gais, se dit-il.

Et il pensa qu'il parviendrait plus aisément à les attendrir. Ces efforts n'eurent pas plus de succès. Moins, au contraire, car un air de distraction et d'ennui se dessina dans l'auditoire avec une désolante netteté. Il narra, sans mieux réussir, des histoires héroïques, décrivit des batailles, évoqua les grands cataclysmes ; l'éruption du Vésuve, le tremblement de terre de Lisbonne, la famine de Paris, la peste de Marseille, extrayant, du récit vibrant de ces drames, la leçon, qu'inutilement, il essayait de faire comprendre et retenir.

Enfin, las de ces vaines tentatives, indigné de cette invincible résistance, le prêtre fulmina des harangues exaspérées. Il apostropha ses fidèles avec une énergie suprême, sans leur ménager les épithètes les plus dures, sans reculer devant les plus humiliantes accusations de crétinisme et d'abjecte imbécillité.

Il connut seulement alors la sensation délicieuse d'être écouté, de se sentir lié à une foule par les courants d'une sympathie d'autant plus flatteuse qu'elle semblait vouloir se refuser à tout jamais. Le prêtre remercia Dieu, écrivit à l'évêque qu'il était en pleine voie de réussite et corsa ses sermons, n'hésitant plus, poussant le lyrisme jusqu'aux dernières fureurs.

Sans doute, l'impression ne s'affirmait pas énorme ; mais, enfin, on écoutait, c'était certain. Et l'orateur avait la sensation, en objurguant son auditoire, de lui faire plaisir, ce qui pouvait être un acheminement vers des résultats plus décisifs. Du reste, c'était uniquement en chaire qu'il traitait avec cette rudesse ses paroissiens, car il se montrait, pour eux, d'un dévouement inépuisable, soulageant, de son mieux, leur misère et ne reculant devant aucun sacrifice pour adoucir les tristesses de leur sort.

II

Or, une nuit, l'abbé Sansépée se dressa sur son lit, éveillé par la sonnerie d'alarme carillonnant dans le vestibule du presbytère et alternant avec des coups redoublés, comme furibonds. Le prêtre regarda la pendule. Une heure ! Et, au dehors, une tempête de neige tourbillonnant, se ruant sur les rares obstacles qu'elle rencontrait dans l'étendue du plateau. L'ecclésiastique se vêtit en toute hâte et courut ouvrir.

Un paysan entra, sa veste de bure mouchetée de blanc et la barbe cristallisée de glaçons.

— Ah ! c'est vous, Rigal ! fit le prêtre. Que se passe-t-il donc ?

— Il y a que la femme est malade, bien malade, et qu'il faut que vous veniez...

L'abbé Sansépée jeta, par la porte entr'ouverte, un coup d'œil sur l'espace et dit, simplement :

— Le temps de prendre le viatique et je vous suis.

Tous deux se mirent en route. Ils avançaient, tête basse, muets, luttant contre un infini de duvet qui les aveuglait, leur criblait le visage de piqûres glacées, se massait sous leurs sabots, les exhaussait sur de périlleuses échasses et doublait leurs vêtements de cuirasses qui épaississaient. Après une heure de marche harassante, le prêtre était exténué.

Il dut, pour faire les quelques pas qui le séparaient de la

maison de Rigal, s'appuyer au bras du paysan et il resta, quelques instants, sans voix au chevet de la malade, dont les yeux exprimaient, en le regardant, de la reconnaissance et de la joie. Elle était assise sur son lit, les prunelles embrasées de fièvre, mais ayant l'air si loin de la mort que l'abbé Sansépée, recouvrant enfin la parole, ne put s'empêcher de lui dire :

— Vous ne paraissez pas bien malade, ma chère dame, et j'en suis enchanté.

— C'est pas que je sois malade, s'écria-t-elle avec exaltation. Mais je ne peux pas dormir ! Vous me croirez si vous voulez, monsieur le curé, mais il y a plus d'un an que je n'ai pas fermé l'œil !...

— Par ma foi, c'est vrai, accentua Rigal. Inquiet, le prêtre demanda :

— Le médecin ne vous a pas ordonné de l'opium ?

— Nous n'avons pas de quoi payer le médecin ! gémit Rigal.

Mais la femme se démenait :

— Y a que vous, monsieur le curé ! y a que vous qui puissiez me guérir !

D'une voix hésitante, l'ecclésiastique articula :

— En quoi puis-je vous être utile ?...

— Il faudrait, s'exclama la malade, que vous eussiez la bonté de prêcher, là, tout de suite, et je m'endormirais...

167

Et, comme en souvenir de suaves extases, elle ajouta :

— Je ne dors que le dimanche, à vêpres, mais une fois par semaine, c'est pas assez !...

Le prêtre restait silencieux, incapable de répondre. Il eut un mouvement de révolte. Mais il le réprima. Les deux paysans le considéraient avec une admiration suppliante, l'imploraient du regard comme le thaumaturge attendu, adoraient en lui cette surnaturelle puissance d'endormir, et c'était, chez eux, un enthousiasme si naïf et si sincère que l'abbé Sansépée se sentit le cœur ému d'une sublime compassion. Le désir autant que le devoir de soulager une des plus cruelles souffrances humaines comprimèrent ses premières révoltes. Simplement, immolant son amour propre de prédicateur, il se recueillit, et, après un grand signe de croix, commença, d'une voix grave, son sermon sur la vanité.

Bientôt, sa parole s'amplifia, s'élevant aux accents les plus pathétiques, vibrant dans la nuit, dominant la tempête tandis que le geste, suivant les phases du discours, décrivait de vastes paraboles d'ombre sur les murs. Ainsi, tendant toute sa volonté à produire le sommeil comme il la consacrait, d'habitude, à réveiller les âmes, il eut la satisfaction de voir ses efforts promptement réussir.

Un calme céleste s'était répandu sur le visage de la femme. Ses yeux ne tardèrent pas à se fermer, tandis que, près d'elle, son mari inclinant la tête, accompagnait la voix du prêtre d'un souffle d'orgue profond et régulier.

Celui-ci ayant prononcé : « c'est la grâce que je vous souhaite », se dirigea vers la porte, doucement, étouffant le bruit de ses pas, et il regagna son presbytère, remercié, de sa bonne œuvre par les ruades et les gifles de l'ouragan.

[Le Ventéjouls de Saint-Vincent-Rive-d'Olt ? FAQ]

[En 2014, Serge Rigal est devenu le nouveau président du conseil général du Lot... Sûrement aucun lien de parenté mais le chroniqueur attentif se devait de vous le signaler. FAQ]

Gariotte Saint-Vincent-Rive-d'Olt

LÉGÈRETÉ

D'UNE JEUNE FEMME

ET

SAGESSE

D'UN PERCEPTEUR DES IMPOTS

I

Jean Maugin feuilletait les romans nouveaux à l'étalage d'une librairie du boulevard, lorsqu'une main se posa sur son épaule et le fit brusquement se retourner. Son visage se cogna presque à un énergique visage de vieux-soldat qui lui souriait. Les deux hommes se fusillèrent, à bout portant, d'une exclamation simultanée :

— Mon vieux Brocart !

— Maugin !

Et ils s'embrassèrent avec une effusion si cordiale que des passants appartenant à toutes les classes s'intéressèrent, un instant, à ce spectacle d'amitié. Toutes les formules usitées dans ces rencontres imprévues, les deux camarades les prodiguèrent : « Mon vieil ami ! » « Par exemple, si je m'attendais ! » « Y a-t-il longtemps ! » « Bien près de dix ans ! » « Comme le temps passe ! » « Toujours le même !... »

Et, quand ils eurent épuisé ce vif dialogue, ils le recommencèrent en accentuant par de chaleureuses étreintes de mains. Enfin, ils convinrent qu'ils allaient s'asseoir à la terrasse du café le plus proche, ayant une infinité de choses à se dire, et ils restèrent muets devant les consommations qu'on venait de leur servir. Maugin observait curieusement la mise et les manières de son ami.

Celui-ci affectait dans sa tenue civile un « militarisme » exaspéré. Son chapeau, de haute forme et à bords plats, penchait insolemment sur l'oreille. Le plastron de la cravate s'appliquait comme un hausse-col. Le veston était court et cintré à la façon d'un dolman. Le pantalon bouffant, semblable aux chausses immenses de nos officiers de tirailleurs africains, se coulissait sur des brodequins de guerre aux talons desquels l'œil était désenchanté de ne point voir la double étoile des éperons. La physionomie surtout était empreinte du caractère le plus martial. Un teint bronzé, des yeux violents, une bouche rageuse, la moustache tendue comme une arbalète d'ébène, dont les branches, orgueilleusement retroussées, frémissaient au vent d'incessantes indignations.

— Tu étais lieutenant, en garnison à Toulouse, je crois, quand nous nous sommes quittés ? demanda Maugin.

Brocart souffla fortement et répandit autour de lui une bruine d'absinthe.

— Oui, à Toulouse, gronda-t-il. Sale ville ! Sale, dégoûtant, ignoble pays que ce... Languedoc ! Peuh ! le Rouergue ne vaut pas plus cher ! Et l'Angoumois ! Du propre !... C'est là où je me suis marié...

— Et il y a longtemps que tu es marié ?

— Cinq ans

— Tu es en garnison à Paris ?

171

Brocart éclata de rire, et battant furieusement ses chausses avec sa canne souple et annelée comme une épine dorsale d'espadon :

— Garnison ! garnison ! Il n'y a plus de garnison pour moi ! Je me suis marié à Angoulême... Belle fille... tu la verras... mais pas le sou, comme moi... pas la dot réglementaire. Alors, j'ai fait le coup de tête. J'ai fichu ma démission. J'avais un ami aux finances... Au fait, tu le connais... Estardier ? Il a été très chic. Et voilà... je suis percepteur. Tonnerre de sort ! Percepteur des impôts !

— Es-tu heureux au moins ?

— Ah ! pour ça !...

Brocart acheva sa phrase d'un geste vague. Puis, ramassant la monnaie que le garçon venait de jeter devant lui :

— Viens-tu déjeuner avec moi à Saint-Cloud ? Ma femme passe la journée chez sa cousine. Je suis libre. J'ai envie de flâner... Allons, ça y est-il ?

Maugin hésita un instant. Mais il avait envie de flâner, lui aussi. Et puis, certaines réticences dans le récit saccadé de son ami l'intriguaient fort, et il espérait obtenir, sur une fin de repas, des confidences dont il pressentait la pittoresque ingénuité.

II

Les deux camarades prirent place sous une tonnelle, dans le jardin d'un restaurant. Un couple de bicyclistes se levait de table : une dame forte et âgée, coiffée d'un canotier blanc, vêtue d'une jupe de cantinière, et un tout jeune homme dont le torse efflanqué s'enveloppait d'un maillot rouge et noir. Dès lors, Maugin et Brocart furent seuls dans le jardin. Une façade de l'établissement donnait sur la tonnelle. La plupart des fenêtres étaient ouvertes et laissaient voir les collines du paysage dans les glaces balafrées des cabinets particuliers. Autour d'eux, le calme était parfait.

Pressé d'habiles interrogations, Brocart frappa soudainement la table d'un coup de poing désespéré et s'écria :

— Tu as compris que je suis le plus malheureux des hommes ? Tu voulais me le faire dire ? Eh bien, ça y est !

Il raconta que, dans la ville d'Angoulême, sa troisième garnison, il s'était passionnément épris d'une jeune fille, élégante et jolie, une orpheline élevée par une vieille dame toquée qui passait son temps à rimer des satires et à composer des cantiques sur un orgue-harmonium. Louise s'était bientôt prise à aimer l'officier, qui, chaque matin, paradait sous ses fenêtres, faisant sonner ses éperons sur le pavé de la rue ou manoeuvrant des chevaux difficiles qu'il se donnait l'air de dompter. Il avait ainsi, par cette tactique guerrière, inspiré à cette jeune fille un amour fervent, mais dont la tendresse se laissait dominer par l'admiration. Néanmoins, elle accepta, fière de cette immolation, que l'officier lui sacrifiât sa carrière, et ils s'épousèrent, croyant fermement, l'un et l'autre, à un magnifique avenir de bonheur.

Or le caractère de Louise ne tarda pas à s'altérer. Par ses

173

regards, ses sourires, ses bouderies, ses allusions d'abord voilées, bientôt plus précises, elle témoignait à son mari un dédain qui allait grandissant, qui montait jusqu'au plus insupportable mépris. Elle lui reprocha de l'avoir trompée.

— « Vous vous êtes présenté à moi comme un brillant officier. Je croyais qu'il y avait un héros dans le brillant uniforme qui vous parait si bien. Il n'y avait qu'un percepteur des impôts ! C'est à croire que vous vous êtes déguisé pour me séduire ! »

— Les scènes s'aggravèrent. Elles n'ont fait que se multiplier, et tu vois la jolie vie ! Un enfer chez moi, et, dès que je m'absente, la peur de perdre cette femme, l'épouvante qu'elle me quitte, qu'elle s'enfuie avec un amant, car je l'aime, la malheureuse, je l'aime malgré tout !

— Es-tu sûr, demanda Maugin, qu'elle ne te trompe pas ?

— Ah ! oui, que j'en suis sûr ! Ah ! bien, il ne manquerait plus que ça ! Ecoute : si pareille chose arrivait, je ne sais pas ce que je ferais, mais ce serait terrible, sois-en certain !...

Une fenêtre s'ouvrit. Une jeune officier de chasseurs s'accouda et se mit à regarder la campagne en sifflotant. Presque aussitôt une femme parut et jetant amoureusement son bras sur l'épaule du jeune homme, se pencha au dehors. Brocart avait relevé la tète. Par la dentelle du feuillage, il dévisageait le couple, et il y avait dans son regard l'implacable férocité de cette vengeance qu'il venait d'annoncer et qu'il allait accomplir.

— Tonnerre !... proféra-t-il. L'imprécation se cassa net dans sa gorge.

Un léger cri s'était fait entendre. La fenêtre se refermait brusquement. Maugin regarda son ami. Il était livide. Qu'allait-il faire ? Brocart consulta sa montre.

— Quatre heures ! prononça-t-il avec le plus grand calme. Je suis obligé de passer à mon bureau. Tout ce que je t'ai dit m'a ému. Laisse-moi rentrer seul à Paris.

— Mais... seras-tu raisonnable ? objecta Maugin.

Brocart haussa les épaules. Son ami comprit qu'il était désormais rassuré. N'avait-il pas vu sa femme en compagnie d'un amant qui, lui, ne démissionnerait pas ? Et la pensée de garder, malgré tout, l'infidèle ne lui constituait-elle pas un bonheur suffisant !

Maugin regardait distraitement la Seine, que de fins canots sillonnaient. Il vit passer le bateau qui filait vers Paris et, à l'avant, la belle stature de Brocart, le chapeau insolemment penché sur l'oreille, la moustache frissonnant à la brise, la canne décrivant de fantaisistes moulinets...

Gustave Guiches

Au fil de la vie

Mentions légales

Dépôt légal à la publication au format ebook du 18 septembre 2014.

Imprimé par CreateSpace, An Amazon.com Company pour le compte de l'auteur-éditeur indépendant **livrepapier.com.**

EAN 9782365416047
ISBN 978-2-36541-604-7

Au fil de la vie de Gustave Guiches - Préface, commentaires, photos François-Antoine de Quercy.

Préface, commentaires, photos, corrections :
© Jean-Luc PETIT - BP 17 - 46800 Montcuq - France